W0190424

Ronald M. Hahn

D I E

STAR TREK™

F I L M E

Originalausgabe

WILHELM HEYNE VERLAG
MÜNCHEN

HEYNE FILMBIBLIOTHEK
32/189

Herausgegeben von Bernhard Matt
Redaktion: Rolf Thissen

BILDNACHWEIS

Archiv des Autors 25, 75, 131, 133, 141, 146, 151, 155, 157, 160, 165, 172, 177,
180; Archiv Lothar Just 67, 69, 70, 79, 80, 81, 83, 84, 85, 89, 90, 91, 93, 94, 95,
100, 101, 103, 104, 105, 106, 110, 112, 113, 115, 116, 117, 121, 122, 123, 125,
126, 127, 129, 163; Cinema International Corporation 71, 73.

2. Auflage

ISBN 3-453-06552-2

Inhalt

Der Film ist die schönste Modelleisenbahn, die man als erwachsenes Kind in die Finger kriegen kann.

ORSON WELLES

Hören Sie, ich schreibe Prosa. Ich habe nicht mehr für Hollywood getan, als Geld für Projekte anzunehmen, aus denen nichts wurde. Ich habe nicht viel Respekt für die meisten Hollywood-Produktionen. Wenn Sie mich bitten, über dieses Zeug zu reden, können Sie mich auch fragen, welche Kakerlakenart mir die liebste ist.

Der Science Fiction-Autor
ROBERT SILVERBERG
auf die Frage nach seiner Lieblingsfernsehserie

Vorspann

Fragt man heute einen Mittvierziger, was er am 22. November 1963 getrieben hat, ist die Chance, daß er es weiß, relativ gering – das menschliche Hirn verfügt über keine Festplatte. Fügt man jedoch hinzu, daß an diesem Tag in Dallas, Texas, der amerikanische Präsident John F. Kennedy erschossen wurde, kehrt sein Erinnerungsvermögen vermutlich schlagartig zurück.

»Da war ich mit Heidi am Baggersee. . .«

»Da habe ich mit Moni im Roxy zu ›Sweets For My Sweet‹ von den Searchers getanzt. . .«

»Da habe ich zu Hause auf dem Balkon gesessen und WELT OHNE ENDE von K.H. Scheer gelesen. . .«

Es soll allerdings auch Amerikaner geben, die genau wissen, was sie am 8. September 1966 getan haben (für Deutsche ist der Stichtag der 27. Mai 1972): An diesem Tag strahlte das Fernsehen nämlich die erste Episode der TV-Serie *Raumschiff Enterprise* (STAR TREK) aus. . .

Was mich betrifft – ich saß ich am 27. Mai 1972 mit den angehenden SF-Autoren Horst Pukallus, Hans Joachim Alpers und Bernt Kling, den angehenden Publizisten Georg Seeßlen und Bernd Holzrichter, dem angehenden Verleger Werner Fuchs und dem angehenden Lektor Fredy Köpsell in einem inzwischen abgerissenen Biergarten namens Waldschlößchen im Schatten alter Eichen. Es war ein schöner Tag. Ich erinnere mich, daß wir, beinharte SF-Fans, die wir waren, all die Kerle verwünschten, die die Science Fiction beherrschten und uns mit reaktionärem Geseire und fortwährendem Weltraum-Geblaster auf den Keks gingen. Wir waren damals Anfang zwanzig und gaben das Fanzine SCIENCE FICTION TIMES heraus. Unser Ziel bestand darin, aus der SCIENCE FICTION TIMES ein professionelles Blatt machen, um den o.a. Kerlen (Science Fiction wurde damals hauptsächlich von Männern geschrieben) ordentlich heimzuleuchten. Wir haben ihnen tatsächlich ordentlich heimgeleuchtet, aber es hat sie wenig gestört. Da uns das nötige Kleingeld fehlte, aus unserem Fanzine das zu machen, was uns vorschwebte, wurden wir selbst SF-Autoren, SF-Übersetzer und SF-Lektoren; mit dem Ergebnis, daß wir bald die Kerle waren, denen die nachrückende Fan-Generation ordentlich heimleuchtete. Die SCIENCE FICTION TIMES gibt's übrigens noch: Wer's nachprüfen will, wende sich an Harald Pusch, Bundes-straße 66, D-52152 Simmerath.

Am Abend nach unserer an ideologischem Wortgeklingel reichen Redaktionskonferenz, die vermutlich jedem Parteitag Ehre ge-macht hätte – wir waren nämlich nicht nur beinharte SF-Fans, son-dern auch beinharte Linke –, strahlte das ZDF die *Enterprise*-Folge »Morgen ist gestern« aus. Darin ging es um eine unfreiwillige Reise in die Vergangenheit, die dem Zuschauer klarzumachen ver-suchte, daß Zeitmanipulationen ungeahnte Folgen haben können. Daß die Geschichte mich nicht vom Hocker riß, hatte damit zu tun, daß ich zu diesem Zeitpunkt schätzungsweise 1500 gedruckte SF-Geschichten konsumiert hatte und meine am *sense of wonder* ge-schulte Phantasie weit mehr gewohnt war als das, was das ZDF bot. Zudem hatte man mir als beinhartem SF-Fan in den zehn zurücklie-genden Jahren mit filmischem Nonsens und sonstigem Kraken-quatsch die Begeisterung für den SF-Film gehörig ausgetrieben. Die SF-Fans, die ich kannte, hielten allesamt mehr vom gedruckten Wort; was uns das Kino zeigte, hielten wir, gelinde gesagt, für pein-lich, und es wäre keinem von uns je in den Sinn gekommen, irgend-einen Normalmenschen in diese Filme mitzunehmen – aus Angst, wir würden an Ansehen verlieren. Stanley Kubricks *2001: Odyssee im Weltraum* war eine wohltuende Ausnahme, doch ansonsten wurde die SF im Film unserer Ansicht nach ausnahmslos von Debi-len erdacht.

Meine Hochnäsigkeit in Sachen *Raumschiff Enterprise* hatte frei-lich auch mit dem Einleitungsgeschwafel zu tun, das mal wieder Sonnensysteme mit Galaxien verwechselte. Erst später, als ich aus der Fachpresse erfuhr, welche Autoren für die Serie geschrieben hatten, stieg mein Interesse: Richard Matheson, Robert Bloch, Theodore Sturgeon, Harlan Ellison, Jerome Bixby, Jerry Sohl und Norman Spinrad kannte ich; die meisten wußte ich sogar zu schät-zen. Die anderen Serienschreiber – TV-Autoren – waren mir ebenso unbekannt wie Gene Roddenberry, der Schöpfer der ganzen Angelegenheit, der in der literarischen Szene keine Rolle spielte. 1982, als ich das Vergnügen hatte, in New York an einem Festban-kett der Science Fiction Writers of America (SFWA) teilzunehmen, hörte ich seinen Namen erneut, und zwar aus dem Mund einer Dame, die gestand, Roddenberry sei der einzige *SF-Autor,* den sie persönlich kenne. Daraufhin wurden zu meiner Überraschung in der Runde Hohngelächter und Rufe wie »Der ist kein SF-Autor!«

laut, und ein paar Autoren bezeichneten die Fernsehserie, die er zwischen 1966 und 1969 gemacht hatte, als *Star Dreck*.

Später erfuhr ich, daß die Produktionsfirma, für die Roddenberry tätig gewesen war, offenbar ziemlich sorglos mit den Ideen anderer umgegangen war: So hatte man die 1944 in dem SF-Magazin *Astounding* erschienene Kurzgeschichte »Arena« von Fredric Brown für *Raumschiff Enterprise* adaptiert, ohne den Autor um Erlaubnis zu fragen, und die Rechte an seiner Geschichte erst erworben, als jemandem die Ähnlichkeit zwischen ihr und der TV-Episode »Ganz neue Dimensionen« (Autor: Gene L. Coon) aufgefallen war.

Der Autor Harlan Ellison, der bekannt dafür ist, einem unterschriebenen Vertrag gleich eine einstweilige Verfügung hinterherzujagen, die dem Verleger vorschreibt, in welcher *Drucktype* seine Geschichten zu erscheinen hat, zeigte sich wütend, weil Roddenberry sein *Enterprise*-Drehbuch »Griff in die Geschichte« dermaßen umgeschrieben hatte, daß er es nicht wiedererkannte. Doch Ellison war kein Einzelfall. Roddenberry: »Im ersten Jahr mußte ich *alle* Drehbücher umschreiben, selbst die meiner besten Freunde. . . Ich habe eine Menge Freunde verloren, denn Autoren mögen es nicht, wenn ihre Sachen umgeschrieben werden. Aber ich hatte die ganze Sache nun mal im Kopf. . .«

All diese Geschichten trugen zwar nicht dazu bei, mich zum beinharten *Enterprise*-Fan zu machen, doch als ich mehr über Gene Roddenberrys TV-Vergangenheit erfuhr, sah ich einige Parallelen zu meinem eigenen frühen Wirken: Auch ich hatte die Science Fiction Anfang der siebziger Jahre »benutzen« wollen, um »aufklärerisch« auf die Konsumenten zu wirken.

Was meiner Meinung nach Grund genug war, mich etwas näher mit Gene Roddenberry und dem zu beschäftigen, was er in die Wege leiten wollte.

Ronald M. Hahn

Vorläufer

Bevor das eigenartig geformte Raumschiff mit dem Namen *Enterprise* am 8. September 1966 in der Episode »The Man Trap«[1] zum ersten Flug über die amerikanischen Fernsehschirme aufbrach, war die Welt für die Angehörigen einer Bevölkerungsgruppe, die sich bald drauf »Trekker« nennen sollten, wüst und leer. . .

Für Bücherleser existierte die Science Fiction freilich schon seit dem Jahr 1818, als die englische Schriftstellerin Mary W. Shelley (1797–1851) ihr seither oft als Schauerroman mißverstandenes Werk FRANKENSTEIN, OR THE MODERN PROMETHEUS veröffentlichte.

Als Science Fiction wurde FRANKENSTEIN allerdings von niemandem bezeichnet, denn der Begriff existierte noch nicht. Auch sonstige Entwürfe zukünftiger Welten[2] die andere Autoren nach Shelley zu Papier brachten, mußten vorerst ohne dieses Etikett auskommen. Erst im April 1926, als der aus Luxemburg in die USA (New York) emigrierte Ingenieur und Radiobastler Hugo Gernsback (1884–1967) in der Experimenter Publishing Corporation die erste Nummer der ausschließlich Zukunftsgeschichten enthaltenden Zeitschrift *Amazing Stories* publizierte, erhielt das Genre den Markennamen, unter dem es heute weltbekannt ist: Gernsback bezeichnete die Erzählungen, die er veröffentlichte, als »Scientifiction« und prägte später den Begriff Science Fiction.

Der zukunftsbegeisterte, technisch orientierte und auf literarische Qualität wenig Wert legende Gernsback blieb freilich nicht der einzige, der es verstand, mit utopischen Stoffen ein Geschäft zu ma-

---

[1] dt. »Das Letzte seiner Art«

[2] VON DER ERDE ZUM MOND (Jules Verne, 1865); REISE UM DEN MOND und ZWANZIGTAUSEND MEILEN UNTER DEM MEER (Jules Verne, 1870); DAS GESCHLECHT DER ZUKUNFT (Edward Bulwer Lytton, 1871); ERGINDWON ODER JENSEITS DER BERGE (Samuel Butler, 1872), DIE GEHEIMNISVOLLE INSEL (Jules Verne, 1875), DR. JEKYLL UND MR. HYDE (Robert Louis Stevenson, 1886), EIN RÜCKBLICK AUS DEM JAHR 2000 AUF DAS JAHR 1887 (Edward Bellamy, 1888), URANIA (Camille Flammarion, 1889), EIN REISENDER AUS ALTRURIEN (William Dean Howells, 1894), DIE ZEITMASCHINE (H.G. Wells, 1895), AUF ZWEI PLANETEN (Kurd Laßwitz, 1897), DIE EISERNE FERSE (Jack London, 1907).

chen. Seine Idee wurde bald von anderen Verlegern aufgegriffen, und auch ihre Blätter gaben im Titel ziemlich deutlich die Richtung an: *Astounding Stories* (1930), *Scientific Detective* (1930), *Thrilling Wonder Stories* (1936). Diese Magazine wurden nicht nur mit Romanen und Kurzgeschichten, spekulativen Artikeln über die Möglichkeiten der Raumfahrt, die Existenz außerirdischen Lebens und Meldungen über UFO-Sichtungen gefüllt, sondern auch mit Serien, deren Helden die Erde Monat für Monat vor Bedrohungen aus dem All bewahrten.

Zu den ersten Autoren, die den Serienhelden auf den Seiten der SF-Magazine populär machten, gehörte Philip Francis Nowlan (1888–1940), der 1928-1929 mit den Erzählungen »Armageddon 2419« und »The Airlords of Han« in *Amazing* die Abenteuer von Buck Rogers veröffentlichte. Ihm folgte Neil R. Jones (1909–1988), dessen Geschichten um den genialen, in einen Roboterkörper verpflanzten Sternenfahrer Professor Challenger von 1931 bis 1951 in *Amazing, Astonishing Stories* und *Super Science Stories* erschienen. Edmond Hamiltons (1904–1977) knochenharte Kerle von der »Interstellar Patrol« bewahrten die Galaxis zwischen 1928 und 1930 in *Weird Tales* vor allerlei fremdrassigem Gewürm. E.E. »Doc« Smith (1890–1965) ließ seine naturwissenschaftlich gebildeten Helden in seinen Skylark- (1928, *Amazing)* und Lensmen-Serien (1938–1947, *Astounding)* erstmals die Grenzen des irdischen Sonnensystems überschreiten, während Edmond Hamiltons wackerer Captain Future zwischen 1940 und 1951 in *Captain Future* und *Startling Stories* auf den irdischen Nachbarplaneten aufräumte.

Nachdem sich die (ein vorwiegend jugendliches Publikum ansprechenden) Weltraumhelden in den einschlägigen Magazinen etabliert hatten, wurden sie von der stets nach neuem suchenden Produktionsmaschine Hollywood entdeckt: Geschäftstüchtige Produzenten, die sich wirtschaftlichen Nutzen davon versprachen, ihr an spannender Unterhaltung interessiertes Publikum jede Woche neu ins Kino zu locken, dachten sich das Serial aus: zwölf- bis fünfzehnteilige Fortsetzungsfilme von Viertelstundenlänge, die nach dem Hauptfilm liefen und ihren Helden am Ende der jeweiligen Episode in einer haarsträubend ausweglosen Situation zurückließen, so daß man, wollte man wissen, wie er sich rettete, auch in der folgenden Woche ins Kino gehen mußte. Die Serials verarbeiteten ausschließlich abenteuerliche, sehr oft aber auch mit phantastischen Elementen versetzte Themen. 1935 produzierte die Filmgesellschaft Universal das erste Science Fiction-Serial: Man hatte in dem von Alex Raymond (1909–1956) seit 1934 für die Presse gezeichneten Comic-Helden Flash Gordon eine ideale Figur entdeckt, die das jugendliche Publikum ansprechen mußte.

1936 kam die Verfilmung der interplanetarischen Abenteuer Gordons, von Frederick Stephani unter dem Titel FLASH GORDON inszeniert, ins Kino: Der Held ist ein platinblonder US-Polostar, dem seine jungfräuliche Freundin Dale und der Wissenschaftler Dr. Hans Zarkov zur Seite stehen. Gemeinsam verweisen sie dreizehn Episoden lang den bösen, mongolisch wirkenden Herrscher des Planeten Mongo in seine Schranken. Als Mongo, gegen alle Naturgesetze, auf die Erde zurast, eilen Flash & Co. mit Zarkovs Raumschiff ins Reich »Mings des Gnadenlosen«, begegnen dort Feuer-, Wasser-, Luft-, Baum- und Eis-Menschen und erleben Abenteuer mit einem feuerspeienden Drachen und einer lüsternen Prinzessin.

»Als Science Fiction ist FLASH GORDON entsetzlich. Das Serial erhebt sich nie über das Niveau eines Comic-Strips und wimmelt von Widersprüchen und Absurditäten. Beispielsweise stellt sich niemand die Frage, warum Mongo, ein Planet, der Raumfahrt betreibt, seine Soldaten in Uniformen steckt, die direkt aus dem römischen Imperium stammen könnten. Es gibt keinerlei Erklärung dafür, warum man auf Mongo statt mit Pistolen oder Lasern noch immer mit Schwertern kämpft. Trotzdem bestand FLASH GORDON eine kritische Prüfung: Er spielte Geld ein, und so vergeudete man bei Universal nicht viel Zeit, um eine Fortsetzung zu produzieren.« (Edward Edelson)

Flash Gordons Erlebnisse auf Mongo kamen beim Publikum so gut an, daß man seine Heldenkarriere in FLASH GORDON'S TRIP TO MARS (Universal, 1938, Regie: Ford Beebe, Robert Hill) weiter verfolgte: Hier hat sich Ming auf die Seite der nicht weniger sinistren Marskönigin Azura geschlagen, die revoltierende Untertanen mit Hilfe eines geheimnisvollen Saphirs in willenlose »Lehmmenschen« verwandelt und die Erde ihres Stickstoffs berauben will.

Der nächste geeignete Serial-Kandidat fand sich in Gestalt des in *Amazing* geborenen Piloten Buck Rogers (Universal, 1939, Regie: Ford Beebe, Saul A. Goodkind). Rogers (wie schon Flash Gordon von dem Schwimmer und Olympiasieger Larry »Buster« Crabbe gespielt) erwacht im 25. Jahrhundert aus einem künstlich erzeugten

Tiefschlaf und findet sich auf einer Erde wieder, die zum permanenten Schlachtfeld geworden ist. Sein Erzfeind ist der mit allen Wassern gewaschene Bilderbuchschurke Killer Kane. Um ihn zu besiegen, braucht Buck die Unterstützung der Saturnbewohner, doch Kane hintertreibt seine Pläne, indem er deren Monarchie mit Intrigen und futuristischen Waffen bedroht.

FLASH GORDON CONQUERS THE UNIVERSE (Universal, 1940, Regie: Ford Beebe, Ray Taylor) ist der schwächste Teil der Heldentrilogie: Erneut muß Flash gegen Ming zu Felde ziehen, der diesmal nichts geringeres anstrebt, als sich zum »Herrscher des Universums« aufzuschwingen: Auch diese Geschichte besteht aus einem Wust von Gefangennahmen und Ausbrüchen, kuriosen Lebewesen und teuflischen Maschinen.

Nicht unbedingt von gleichem Niveau, aber aufgrund einer gelegentlich durchscheinenden Selbstironie noch ansehbar, ist das Serial BRICK BRADFORD (Columbia, 1947, Regie: Spencer Gordon Bennett), nach dem Comic Strip von William Ritt und Clarence Gray, der 1933 erschien: Hier wird ein kosmischer Held von der UNO auf einen durchgedrehten Wissenschaftler angesetzt, gerät in einen Hinterhalt der Mondbewohner und ist aufgrund verzwickter Umstände gezwungen, eine Zeitreise ins 18. Jahrhundert zu unternehmen – was ihm genügend Gelegenheiten einräumt, gegen Piraten und anderes Gelichter zu kämpfen.

CAPTAIN VIDEO (Columbia, 1951, Regie: Spencer Gordon Bennett, Wallace Grissell) ist die Geschichte zweier Weltraum-Ranger, die mit einem Raumschiff, das sich ziemlich unbescheiden »The Galaxy« nennt, zum Planeten »Atoma« eilen, um einen Pakt zwischen der Herrscherin »Vultura« und dem bösen Wissenschaftler Dr. »Tobor« (lies: Robot) zu vereiteln, wobei sie sich allerlei Robotern und Todesstrahlen stellen müssen.

RADAR MEN FROM THE MOON (Republic, 1952, Regie: Fred C. Brannon) schildert die Abenteuer des »Sky Marshal of the Universe« Jeff Kane, der im Auftrag der US-Regierung mit Hilfe eines »Fluganzugs« ausländische Saboteure zur Schnecke macht und im Zuge seiner Ermittlungen zum Mond fliegen muß. Dort kann er – sämtlichen Naturgesetzen zum Trotz – ohne Raumanzug atmen und entdeckt eine geheimnisvolle Stadt und einen bösen Herrscher, der mit Hilfe des ominösen Elements »Lunarium« die Erde erobern will (Kane wurde später auch zum Helden einer TV-Serie gemacht).

ZOMBIES OF THE STRATOSPHERE (Republic, 1952, Regie: Fred C. Brannon) nennt man drei Tückebolde vom Mars, die in einer »futuristischen« Kleidung, die zu sehr an Ballet-Trikots erinnert, um sie ernstnehmen zu können, auf die Erde kommen, um mit Hilfe des genretypischen irren Wissenschaftlers und Roboterschlägern die Regierung zu stürzen und unseren schönen Planeten in die Umlaufbahn des Mars zu versetzen. Zum Glück weiß der tollkühne Captain Cody dies zu verhindern. In der von keinerlei wissenschaftlichen Kenntnissen getrübten Kuriosität, die 1958 unter dem Titel SATAN'S SATELLITES[1] als Kinospielfilm ausgewertet wurde, spielt ein gewisser Leonard Nimoy mit, von dem wir noch einiges hören werden.

Ebenso wenig oscarverdächtig wie die »Zombies aus der Stratosphäre« war das Serial THE LOST PLANET (Columbia, 1953, Regie: Spencer Gordon Bennett), in dem Captain Video mal wieder die übliche Schar machthungriger Weltall-Lumpen zur Strecke bringt, auch wenn sie ihm mit thermischen Desintegratoren, Gedankenkontrollmaschinen, Atomflugzeugen, prysmischen Katapulten, Hypnosestrahlmaschinen und Dethermostrahlen auf die Pelle rücken.

Angesichts der Zurschaustellung dieser jämmerlichen Homo Hollywoodensis-Phantasien konnte es nicht ausbleiben, daß irgendwann das letzte Stündlein des Serials schlug. Noch während es sich in den letzten Zuckungen wand, nahm sich das junge Medium Fernsehen der Science Fiction an, das jede Menge billig produziertes Material brauchte, um die Zeit zwischen den Werbeblöcken zu überbrücken.

Das Fernsehen, das – da kostenlos – dem Kino schrittweise die Luft abdrehte, wurde von Hollywood heftig angefeindet und von Filmschauspielern ebenso ignoriert, wie das Kino in seinen Kindertagen von den Theatermimen ignoriert worden war. Die Hollywood-Studios weigerten sich, der unliebsamen Konkurrenz aktuelle Filme zur Ausstrahlung zu überlassen; manche verboten ihren Stars sogar, in Fernsehsendungen aufzutreten. Doch während Hollywoods *Majors* (die Großen Studios) alles taten, um dem Pantoffelkino zu schaden, liefen die kleineren Produktionsfirmen – Monogram, Republic und RKO – mit wehenden Fahnen zum Feind über.

---

[1] dt. Des Satans Satellit

Zwar gehörten die Streifen, die sie dem Fernsehen verkauften, nie zur ersten Garnitur, doch sie brachten den Studios Geld und halfen den Fernsehanstalten, die Sendezeit zu füllen.

Trotzdem hatten die frühen TV-Sender ihre liebe Not, Könner zu finden, die Serien schreiben, drehen und spielen wollten. Da die vorwiegend in New York produzierten Programme oft von Nachwuchsregisseuren inszeniert wurden, die nichts anderes im Sinn hatten, als so schnell wie möglich aus den Niederungen des zur schnellen Verdauung bestimmten Schundes zum »echten Film« aufzusteigen, war es mit ihrem Engagement nicht weiter her als mit dem der Autoren, die den Wilden Westen einfach in den Weltraum verlagerten, weil ihnen die innere Logik der Science Fiction völlig fremd war. Da es in der Anfangszeit des Fernsehens üblich war, ganze Sendungen live aus Studiokulissen zu übertragen, war das technische Niveau der SF-Serien alles andere als hoch, und das »utopische« Kauderwelsch, das den Akteuren in den Mund gelegt wurde, führte dazu, daß sie fast nur bei einschlägig vorbelasteten Jugendlichen ankamen.

Wirft man einen Blick auf das, was die Fernsehmacher sich erdreisteten, der Öffentlichkeit zwischen 1949 und 1965 an utopischen Serien vorzusetzen, fällt es einem wahrhaft schwer, Fassung zu bewahren:

Die erste SF-TV-Serie hieß *Captain Video*[1] (DuMont[2] 1949–1953; 1955–1956) und wurde live übertragen. Die meisten Drehbücher stammten von Robert Sheckley, Damon Knight, Cyril M. Kornbluth, Arthur C. Clarke und dem renommierten Fantasyschreiber Jack Vance, der sich in Magazinen wie *Thrilling Wonder Stories* und *Startling Stories* durch seine spannenden Handlungsbögen, exotischen Schauplätze und verschrobenen Charaktere einen Namen gemacht hatte. Bei der Arbeit an dieser Produktion erwies sich jedoch das (nicht vorhandene) Budget als größter Feind der Phantasten: Captain Video, der in einer Art Schaffneruniform als »Wächter für die Sicherheit der Welt« fungierte, pausenlos gegen böse Invasoren aus dem All antrat und Sprüche wie »Springende Saturnsalamander!« klopfte, konnte die Normalmenschheit wohl

---

[1] »Video« war in den fünfziger Jahren im englischen Sprachraum der allgemein gebräuchliche Ausdruck für Fernsehen.

[2] DuMont: Der erste TV-Sender New Yorks befand sich im Besitz der Firmen Allen B. DuMont Laboratories und Paramount Pictures.

15

nur in dem Vorurteil bestärken, SF-Interessierte müßten einen Nagel in der Kappe haben (das 1951 produzierte Serial gleichen Titels war ein Ableger der TV-Serie).

Buck Rogers (ABC[1] 1950–1951, 39 Episoden), schon 1939 als Serial auf die Kinoleinwand gebracht, basierte auf den Erzählungen Philip Francis Nowlans, die die Zeichner Dick Calkins, Russ Keaton und Rick Yager ab 1929 zu einem Comic-Strip verarbeitet hatten. Rogers, alle naselang für die Sicherheit des Universums zuständig, befreite die Welt vom Bösen (Tigermenschen-Invasoren vom Mars inklusive), indem er sich zu Lande, zu Wasser und in der Luft (meist jedoch in Fernseh-Studiokulissen) durch die Zukunft bewegte.

Tom Corbett, Space Cadet (NBC[2] 1950–1952, 55 Episoden) basierte vage auf Robert A. Heinleins Roman WELTRAUMPILOTEN (1948), spielte vierhundert Jahre in der Zukunft und beschrieb die Abenteuer eines jungen Raumpiloten, der sich mit einem tumben Begleiter im Asteroidengürtel zwischen Mars und Jupiter mit Monstern, Banditen und Naturgewalten herumschlug – in einem »Kostüm«, das erstaunlich dem Flash Gordons aus den dreißiger Jahren ähnelt.

Space Patrol (ABC, 1951–1956, 209 Episoden) spielte im 30. Jahrhundert und verwendete ausgiebig das Zeitreisemotiv, was die Helden in die Lage versetzte, sich in verschiedenen Perioden der Menschheitsgeschichte zu tummeln: Commander Buzz Corey vom Raumschiff »Terra« kämpft im Namen der »Vereinten Planeten des Universums« (!) gegen Halunken aller Couleur. Ihm zur Seite steht ein jugendlicher Begleiter, der zur rechten Zeit die richtigen Fragen stellt, damit Buzz dem Zuschauer erklären kann, welchen Hebel er gerade mal wieder bedient. Die Bösen lähmt Buzz mit einer Strahlenpistole, um sie dann mit einem »Hirnographen« auf den rechten Weg zu bringen, der ihnen alle kriminellen Gedanken austreibt.

Flash Gordon (Syndicated, 1953, 39 Episoden) war ein TV-Ableger des Serials von 1936: Ein wagemutiger Kämpfer, der tagein, tagaus mit der Hilfe seiner Freundin Dale und des Wissenschaftlers Dr. Zarkov gegen Armeen internationaler Dunkelmänner zu Felde zieht und Androiden, Todesstrahlen und exotische Gegner be-

---

[1] ABC: American Broadcasting Corporation; US-Fernsehsender
[2] NBC: National Broadcasting Corporation; US-Fernsehsender

kämpft: die Königin von Cygnil, den Erzverbrecher Bizdar, den Großen Gott von Odin, die irre Hexe vom Planeten Neptun.

Rod Brown of the Rocket Rangers (CBS[1] 1953–1954, 59 Episoden) wird auf treffendste Weise durch seine Ansage charakterisiert: »Vorwärts mit der Kraft des Atoms. . . Glänzend wie Silberkugeln warten die mächtigen Raumschiffe der Rocket Rangers auf den Start. – Hinauf, hinauf! Raketen flammen in weißglühender Wut! Meteore von Menschenhand rasen durch die Atmosphäre, durchbrechen die Schwerkraftmauer und jagen schneller und schneller hoch und hinaus. . . Und dann: der Weltraum, und ein flottes Abenteuer der Rocket Rangers!« Begnadete Dichterworte für die Abenteuer toller Hechte im permanenten Kampf gegen die Schurken des 22. Jahrhunderts – in der Titelrolle der spätere Oscar-Preisträger Cliff Robertson, der gewiß seinen rechten Arm hergeben würde, könnte er diesen Krampf – vielleicht mit Hilfe einer Zeitmaschine? - ungeschehen machen.

In *Rocky Jones, Space Ranger* (Syndicated, 1954–1955, 14 Episoden) hat der Held des 21. Jahrhunderts mit seinem Raumschiff »Orbit Jets« alle Hände voll zu tun, um die Planeten des »Vereinten Sonnensystems« vor den obligatorischen bösen Buben aus dem Weltraum zu schützen. Ihm stehen die keusche Vena, der unterbelichtete Winky und der kluge Professor Newton zur Seite.

Captain Z-Ro (Syndicated, 1955, 26 Episoden), ein Tiefpunkt in der an Tiefpunkten nicht armen Historie der Fernseh-SF, ist Pilot des Weltraumschiffes ZC-99 und nebenher Erfinder einer Zeitmaschine, deren Möglichkeiten er nutzt, um sich in Raum und Zeit des Schicksal anderer anzunehmen: Sobald der Captain nämlich erfährt, daß einem Menschen im Jahre X irgendwelche Probleme drohen, schickt er seinen Assistenten »Jet« aus und leitet ihn an, die bevorstehende Krise zu meistern. Captain Z-Ro (sprich »Zero«, also »Null«) macht seinem Namen alle Ehre.

Voyage to the Bottom of the Sea (ABC, 1964–1968, 110 Episoden), ein Ableger des Films *Unternehmen Feuergürtel* (1961, Regie: Irwin Allen), verzichtet zwar darauf, seine Helden ins All zu schießen (die einzelnen Episoden spielen in einem U-Boot), doch muß die Mannschaft im ihrem ständigen Kampf gegen Außerirdische, Amphibien, Riesenkrebse, Kommunisten, Werwölfe, Schneemen-

---

[1] CBS: Columbia Broadcasting System; US-Fernsehsender, der trotz seines Namens nichts mit der Filmgesellschaft Columbia Pictures zu tun hat.

schen, Mumien und verrückte Wissenschaftler ähnliche Probleme lösen wie Weltraumfahrer der üblichen Machart.

Lost in Space (CBS, 1965–1968, 83 Episoden) schildert die Abenteuer der Familie Robinson im Jahr 1997: Das Raumschiff»Jupiter II« soll sie in einer fünfjährigen Reise zum Alpha Centauri bringen, doch wird das große Unternehmen durch einen akademisch gebildeten Bösmann sabotiert, der sich an Bord schleicht und die Steuerung kaputtmacht: Von nun an müssen die Robinsons, die so aussehen, als hätten sie vor jeder neuen Kameraeinstellung noch schnell gebadet und den Friseur aufgesucht, allwöchentlich mit tückischen Aliens, Robotern und Monstermutanten fertig werden.

So infantil das US-Fernsehen bis in die sechziger Jahre hinein auch mit der Science Fiction umsprang – niemand sollte der Illusion erliegen, die Lage wäre heute anders. Wie manche SF-Serie entstehen kann, schildert Harlan Ellison:
»Da ruft mich ein Typ an und sagt, er ist Entwicklungschef bei CBS. Er lädt mich ein, ins Beverly Hills Hotel zum Frühstück rüberzukommen. . . Ich gehe also rüber, setze mich hin und höre mir an, was der Hirni zu sagen hat: ›Wir haben da 'ne tolle Idee, und wir möchten, daß Sie es schreiben.‹
Ich schlage den Blick schon mal zum Himmel, doch bevor er mir die Idee verklickert, kommt es noch schlimmer: Zuerst erfahre ich, daß die Grundidee von Larry Harmon stammt. Falls Sie Larry Harmon nicht kennen: Er ist der Mann, der im Fernsehen Bozo den Clown mimt. Dann stellt sich heraus, daß auch Larry Harmon sich die Sache nicht ausgedacht hat. Larry Harmons siebenjähriger *Sohn* ist auf die Idee gekommen.
Der CBS-Trottel erklärt mir, es wäre 'ne *umwerfende* Idee.
›Der Sender ist ganz verrückt darauf‹, versichert er, ›wir wollen es unbedingt machen. Die Idee ist nämlich folgende: Da gibt es eine Familie: Mutter, Vater, zwei Kinder und einen Hund.‹
Darauf sage ich: ›Ich glaube, die Serie kenne ich schon.‹
Er sagt: ›Die Familie geht eines Tages in den Garten hinter dem Haus. Dort entdeckt sie ein Schwarzes Loch. Sie fällt in das Loch rein und entdeckt ein neues Universum.‹
Ich bleibe ein paar Minuten sitzen: Ich bin einfach zu fertig, um etwas zu sagen.
Als ich dann anfange, vor mich hinzukichern, sagt der Typ: ›Warum lachen Sie?‹

Ich sage: ›Ich hoffe, Ihr Nervensystem kann es ertragen, aber ein schwarzes Loch ist kein *Schwarzes Loch.*‹

Er sagt ›Was?‹

Und ich sage: ›Ein Schwarzes Loch ist eine Sonne, die so heftig kollabiert ist, daß das Licht nicht von ihr weg kann. Deswegen sieht sie wie ein *Loch* aus. Schwarze Löcher verschlucken alles, was ihr gewaltiger Schwerkraftsog erwischt, und sie zermalmen es, bis nichts mehr übrig ist. Wenn die Leute also in ihren Garten gehen und auf ein Schwarzes Loch stoßen, wird es sie höchstwahrscheinlich mitsamt dem Garten, dem Haus, der Straße, der Umgebung, der Stadt, dem Planeten und möglicherweise dem halben bekannten Universum verschlucken – und die Einschaltquoten und den Sender mit dazu.‹

Darauf sagt er: ›Tja, aber es gefällt dem Sender! Sehen Sie nicht eine Möglichkeit, es trotzdem zu machen? Den Unterschied *bemerkt* doch keiner!«[1]

Nach diesem Muster – »Das *bemerkt* doch keiner!« – wurden alle frühen und die meisten heutigen TV-SF-Serien gestrickt. Der blühende Blödsinn, der die Mattscheiben Amerikas und Europas dominiert, ist mehrheitlich auf die fast schon kriminelle Dummheit der TV-Redakteure zurückzuführen, die mit »Lichtjahren« Zeit messen, das für Science Fiction halten, was ihre nicht unterbelichteten Kollegen bei der Konkurrenz unter dem Kürzel SF auf den Markt bringen, und wenn sie selbst SF machen, das Feld von ahnungslosen Schreibern beackern lassen, die nicht nur Probleme mit der »Science« haben, sondern auch mit der Phantasie. Statt SF-Serien und -Filme von Autoren schreiben zu lassen, die etwas von ihrem Metier verstehen, beschäftigen sie eine inzestuöse TV-Schreiberzucht, deren Wischiwaschi-Kenntnisse höchstens »SF«-Western, »SF«-Abenteuer« und »SF«-Krimis hervorbringen, an denen das Genre dann wieder gemessen wird. Kein Wunder also, daß die SF-«Kunst« dieser und folgender Epochen fast nur von leicht beeindruckbaren Kindern und Jugendlichen konsumiert wurde, die mit Phantastik in bewegten Bildern ohnehin nicht verwöhnt waren.

---

[1] Harlan Ellison: »How You Stupidly Blew Fifteen Million Dollars a Week, Avoided Having an Adenoid-Shaped Swimming Pool in Your Back Yard, Missed the Opportunity to Have a Mutually Destructice Love Affair with Clint Eastwood and/or Raquel Welch, and Otherwise Pissed Me Off«, Algol (Spring 1978).

Zukunftsinteressierte Menschen, die der traditionellen TV-Unterhaltung und ihren Klischees nichts abgewinnen konnten, lebten damals nicht in rosigen Zeiten. SF-Fans der fünfziger und sechziger Jahre hatten wegen des obskuren Objekts ihrer Begierde keinen leichten Stand. Als Spinner und Mondsüchtige verlacht, maß man den Wert ihrer Interessen höchstens an dem, was allgemein zugänglich war: dem Bildschirm. Und was der zeigte (zeigen durfte), hing ab vom Bewußtsein der Macher, das nicht zuletzt vom der Ära des Kalten Krieges zwischen Ost (Warschauer Pakt) und West (NATO) geprägt war.

In den USA der fünfziger und sechziger Jahre gaben aufgrund eines staatlich verordneten Antikommunismus konservative bis ultrarechte Kräfte den Ton an. In den Südstaaten mußten sich schwarze US-Bürger das Recht erkämpfen, »weiße« Universitäten zu besuchen. Auf dem flachen Land randalierten Ku-Klux-Klan und rassistische Mobster. Bürgerrechtler und Politiker, die mehr Demokratie wagen wollten, wurden zusammengeschlagen oder ermordet. In Vietnam tobte unter amerikanischer Beteiligung ein Krieg, dessen Hauptziel es war, »die Freiheit des Westens zu verteidigen«. In der Bundesrepublik waren Kräfte an der Macht, die ihre Erziehung unter autoritären Regimes genossen hatten. Das Wort Jugendkultur existierte nicht. Minderjährige hatten das Alter zu ehren und vor Lehrern, Pfarrern und Ausbildern zu kuschen. Schwarz ist die Farbe, die die fünfziger und frühen sechziger Jahre am besten charakterisiert.

All dies änderte sich auf dem europäischen Festland Mitte der sechziger Jahre, als Pop-Gruppen wie die Beatles und Rolling Stones populär wurden und Teile der Jugend gegen die »Erziehungsmethoden« alter Zeit revoltierten. Während die Studenten Europas auf die Barrikaden gingen, um auf den verheerenden Zustand der Welt aufmerksam zu machen, pflegte man in den USA die Vorstellung, die Welt möge am American Way of Life genesen: Wer sich gegen das heilige Quartett Football, Apple Pie, Chevrolet und Motherhood versündigte, seine verfassungsmäßigen Rechte in Anspruch nahm oder gegen den herrschenden Moralkodex verstieß, indem er ein Wort wie »Verdammt« aussprach, riskierte Sanktionen.

Auch die TV-Macher trauten sich nicht, aus den traditionellen Pfaden auszuscheren. Im Fernsehen dominierte die heile weiße Familienwelt, in der es einer Gotteslästerung nahegekommen wäre, zwei Menschen ungleichen Geschlechts im selben Bett zu zeigen: Seit

1934 definierte nämlich der Production Code[1] bis ins Detail, was als »unanständig« zu gelten hatte.

TV-Aliens[2] waren bis dahin stets potthäßliche Ungeheuer gewesen, damit Mr. und Mrs. Average American sogleich erkannten, daß sie böse waren. Und böse *mußten* sie sein. Im Fernseh-Weltraum tummelten sich ausschließlich weiße Amerikaner; Schwarze und Gelbe hatten dort nichts verloren, und die Russen schon mal gar nicht. Frauen waren als Protagonisten nur dann erwünscht, wenn sie dem Beruf der Lehrerin oder Krankenschwester nachgingen, sonst mußten sie am heimischen Herd auf die Rückkehr des Helden warten.

»Nachdem ich etwa zwölf Jahre als freier Autor tätig war«, erinnert sich Gene Roddenberry, »geriet ich zunehmend mit der damals sehr starken kommerziellen Fernsehzensur aneinander. Als Autor konnte man im Grunde kein Thema aufs Korn nehmen, das einem wichtig war. Ich war fast so weit, dem Fernsehen den Rücken zu kehren, sollte ich keine Möglichkeit finden, das zu schreiben, was ich wollte.

---

[1] 1933, als die amerikanischen Anstandsvereine Sturm gegen die »Unzucht« liefen und Geistliche predigten, jede Eintrittskarte in einen »unsittlichen« Film führe sofort in die Hölle, verordnete sich die Motion Picture Association of America (MPAA) unter Leitung von Will H. Hays (1879–1954) den Production Code, der festschrieb, was der Film nicht zeigen und der Schauspieler nicht aussprechen durfte. Der Code propagierte »die Unantastbarkeit der heiligen Jungfrau« und die »heilige Institution der Ehe«. »Lüsterne Küsse« bzw. »Küsse mit offenem Mund« wurden als obszön gebrandmarkt, »völlige Nacktheit«, »die Behaarung der Achselhöhle« (!), »Frauen, die Strümpfe abstreifen« und »Männer, die Hosen ausziehen« durften nicht gefilmt werden. Film-Ehepaare mußten in getrennten Betten schlafen; erforderte die Handlung ein Doppelbett, durften sie nicht gleichzeitig darin liegen. »Tänze mit Bewegungen der Brüste. . . bei feststehenden Füßen. . .« waren verwerflich. Wörter wie »Gott«, »Herr«, »Jesus« und »Christus« waren lästerlich. Wörter wie »Hundesohn«, »Verdammt« und »Hölle« mußten vermieden werden. Liebe zwischen Schwarz und Weiß war verboten. Geistliche durften nicht als Ulknudeln oder Gauner dargestellt werden. Sexualhygiene und Geschlechtskrankheiten waren »keine Filmthemen«; »kindliche Geschlechtsorgane« durften »nicht entblößt werden«. Gegen schön gefilmte Hinrichtungen war nichts einzuwenden: »Die Vollstreckung der Todesstrafe durch Erhängen oder den elektrischen Stuhl. . . sowie Brutalitäten und eventuelle Grausamkeiten. . . sollen innerhalb der Grenzen des guten Geschmacks behandelt werden.« Daß der Code 1966 abgeschafft wurde, hatte rein pekuniäre Gründe: Hollywood ärgerte sich, daß weniger spießige Filme der europäischen Konkurrenz den eigenen Umsatz schmälerten.

[2] Wörtlich: Fremde, Ausländer.

In einem meiner Drehbücher stand, daß auf einer Kiosktheke liegende Zeitungen wegen des Windes von einem Montiereisen festgehalten werden müßten. Dies war unerläßlich, da sich jemand in einer Szene einen schweren Gegenstand als Waffe greifen mußte. Man rief mich in die Redaktion und sagte: ›Nehmen Sie das Montiereisen bitte raus; ersetzen Sie es durch einen Ziegelstein.‹ Ich erwiderte, das Montiereisen gefiele mir besser. Da kriegte ich zu hören: ›Ja, aber es weist auf das Versagen eines Produktes hin, für das wir Werbung machen: Reifen. Deswegen möchten wir es lieber ändern‹.

So war es damals wirklich. In einem Western durfte niemand sagen, er wolle durch eine Furt reiten [to ford[1] a river], weil der Sender sich vielleicht darum bemühte, Chevrolet als Sponsor zu kriegen. . . Man konnte in TV-Dramen keinen ernsthaften Kommentar zu den Gewerkschaften, zum Management oder zu den Rüstungsgeschäften abgeben, die wir betrieben.

Selbst wenn ich es gewollt hätte – ich hätte nie ein proarabisches, antiisraelisches Drehbuch schreiben können. . . Hätte man einem Autor während des Vietnamkriegs erlaubt, Geschichten über das zu schreiben, was in Vietnam vor sich ging, damit der Zuschauer sich mit dem vietnamesischen Bauern identifizieren konnte, dessen Tochter gerade bei einem Napalmangriff umgekommen war. . . Hätten wir Geschichten schreiben dürfen, aus denen man die grauenhafte Verwandlung eines Mannes wie Calley hätte nachvollziehen können. . . Ich bin absolut sicher, der Krieg wäre zwei Jahre früher zu Ende gewesen.«

So war die Lage im amerikanischen Fernsehen, als der Ex-Pilot und Ex-Polizist Gene Roddenberry das Konzept für eine Serie entwickelte, die Themen aufgreifen sollte, von denen er annahm, sie müßte die Beachtung junger, an *ihrer* Zukunft interessierter Menschen finden.

Den Klischees der fünfziger und sechziger Jahre konnte Roddenberry nichts mehr abgewinnen. Er wollte unbedingt etwas Neues machen.

---

[1] Ford ist auch eine Automarke.

Demokraten im Weltraum:
Gene Roddenberry

»Mit *Raumschiff Enterprise* sah ich eine Möglichkeit, eine Menge
politisch und gesellschaftlich wichtiger Dinge zu sagen, ohne
daß die NBC-Zensoren es kapierten.«

GENE RODDENBERRY

Eugene Wesley Roddenberry, am 19. August 1921 im texanischen
El Paso geboren, entdeckte die Science Fiction im Alter von elf
Jahren in Gestalt der Magazine *Amazing* und *Astounding*. Nach
dem Ende der Schule fing er ein Jurastudium an, das er nach drei
Jahren abbrach, um an der University of California in Los Angeles
(UCLA) ein Ingenieursstudium zu beginnen. Im Zweiten Weltkrieg war er Heeresflieger auf einem B-17-Bomber und flog im
Südpazifik (Insel Guadalcanal) 89 Einsätze gegen die Japaner.
Seine ersten Veröffentlichungen waren Kurzgeschichten, die in
einer Fliegerzeitschrift erschienen. Nach dem Krieg zog Roddenberry nach Washington und untersuchte in amtlicher Funktion die
technischen Hintergründe von Flugzeugabstürzen. 1949 ging er
nach Los Angeles, nahm eine Stelle als Pilot bei der Fluggesell-
schaft Pan American an und flog die Routen Casablanca, Lissabon,
London, Johannesburg und Kalkutta. In dieser Zeit lernte die SF-
Romane und Erzählungen A. E. Van Vogts zu schätzen. Nach dem
Absturz seiner Maschine in der syrischen Wüste rettete er die sieben überlebenden Passagiere vor einer marodierenden einheimischen Bande, woraufhin ihn das Civil Aeronautics Board für »au-
ßerordentliches Heldentum« ehrte. Roddenberry wechselte als
Motorradcop zur Polizei von Los Angeles, war dann bei der Dro-
genfahndung tätig, schrieb Reden für den Polizeipräsidenten der
Stadt und übte sich in der Freizeit als Autor von Drehbüchern, die
er in Hollywood an den Mann zu bringen versuchte.
Sein erstes Drehbuch für eine Fernsehsendung wurde 1951 angenommen und unter Pseudonym ausgestrahlt. Bis 1961 hatte er sich
etabliert als Autor von TV-Serien wie *Dragnet* (NBC, 1952–1970;
die Titelmusik fand auch in der deutschen Serie *Stahlnetz* Verwen-
dung), *Highway Patrol* (Syndicated, 1955–1959), *Have Gun, Will
Travel* (CBS, 1957–1963) und *Naked City* (ABC, 1958–1963). Ku-

rioserweise schrieb er auch drei Episoden von *I Led Three Lives* (Syndicated, 1953–1956), »ein Produkt der McCarthy-Ära, das möglicherweise die offenste politische Propaganda enthielt, die man je im amerikanischen Fernsehen in einer populären dramatischen Serie zu sehen bekam« (Tim Brooks/Earle Marsh). Darin geht es um die angeblich wahre Geschichte eines Bostoner Angestellten, der sich als FBI-Spitzel in die Kommunistische Partei der USA einschleusen läßt und Woche für Woche neu beweist, daß die Roten unermüdlich dabei sind, das Land mittels Sabotage und sonstiger Schweinereien für Moskau sturmreif zu machen.

1954 stieg Roddenberry – inzwischen Sergeant – aus dem Polizeidienst aus. Die folgenden Jahre verbrachte er als Autor zahlreicher TV-Serien[1] bis er von MGM-TV zum ausführenden Produzenten der Marinekorps-Serie *The Lieutenant* befördert wurde, die NBC zwischen 1963 und 1964 ausstrahlte. Als die Serie endete, bat man ihn, sich eine neue einfallen zu lassen.

Roddenberry, seit geraumer Zeit mit den Strickmustern unzufrieden, die im Fernsehen gepflegt wurden, nahm ein Projekt in Angriff, das ihm vielversprechend erschien: Schon seit 1961 ging ihm die Idee für eine SF-Serie im Kopf herum, die nach dem Vorbild der populären Westernserie *Wagon Train* (NBC/ABC, 1957–1965) im Weltraum spielen sollte.

»*Wagon Train* war in der Blütezeit des TV-Western. . . eine der beliebtesten ›Großwestern‹-Serien: Sie war groß im Spielraum (der fast den ganzen amerikanischen Westen umfaßte), wartete mit großen Darstellern und hochkarätigen Gaststars auf und hatte eine Laufzeit von sechzig bzw. neunzig Minuten. Den Hintergrund bildete ein Wagenzug, der in der Zeit nach dem Bürgerkrieg von St. Joseph in Missouri nach Kalifornien aufbrach. Während der Reise erlebte man Abenteuer in der riesigen, von den Indianern beherrschten Prärie, in endlosen Wüsten und auf den steilen Pässen der Rocky Mountains. Doch das Salz in der Suppe waren die Figuren, die in den einzelnen Folgen auftraten: Die Serie war eigentlich eine Reihe von Charakterstudien, die sich jede Woche mit einem anderen Gruppenmitglied oder jemandem beschäftigte, dem man unterwegs begegnete. Manchmal handelte es sich um fromme Siedler, dann wieder um junge Abenteurer oder Halunken. Die zum

---

[1] Näheres dazu siehe: Die wichtigsten Männer im Hintergrund: Gene Roddenberry, Seite 164

Gene Roddenberry

›Stab‹ des Wagenzugs gehörenden Stammschauspieler traten in Nebenrollen auf.« (Tim Brooks/Earle Marsh).

Angesichts der politischen TV-Realitäten der sechziger Jahre, die es verboten, aktuelle Themen in Unterhaltungssendungen anzusprechen, sah Roddenberry nur eine Möglichkeit, den potentiellen Abnehmern sein Konzept schmackhaft zu machen: Um sein Anliegen zu verschleiern (im Rahmen einer utopischen Gesellschaft Kritik am politischen Status quo der irdischen Gegenwart zu üben – Rassismus, Kolonialismus, Krieg), mußte er die Serie als aktionsreiches Abenteuer verpacken.

»Das Fernsehen in den Vereinigten Staaten ist schrecklich empfindlich. Man kann eigentlich über nichts schreiben, das wirklich zählt: Sie schneiden es einem raus. Man hat Angst, jemand könnte sich beleidigt fühlen[1]. Ich dachte an Jonathan Swift. Als er über betrügerische Premierminister, verrückte Monarchen etc. schreiben wollte, verlegte er alles nach Liliput: GULLIVERS REISEN. In der Science Fiction kann man tatsächlich wunderbare Kommentare abgeben. Man kann sich jeden möglichen Ort, jede Situation und jede Wirtschaftsform ausdenken. . . Ich nahm an, ich könnte etwas Besseres auf die Beine stellen als das, was ich bis dahin gesehen hatte. Meiner Meinung nach ging es in der SF zu oft um technisches Brimborium und zu wenig um Menschen. Dramen aber handeln von Menschen. Ich glaube, es war eine echte Verlockung, Aussagen über Vietnam, Intoleranz und jene Dinge des Lebens zu machen, an die ich glaube.«[2]

Die Serie sollte in ferner Zukunft und auf fremden Planeten spielen. Das Thema Weltraumfahrt sollte die Kritik an der Gegenwart so geschickt verpacken, daß die TV-Zensoren sie nicht als solche erkannten. Trotzdem lehnte MGM-TV das Konzept ab. Roddenberry ließ nicht locker, er versuchte es anderswo, und es gelang es ihm, einen Vertrag mit Oscar Katz von den Desilu-Studios über einen Pilotfilm[3], ein Serienkonzept und ein Drehbuch abzuschließen.

Nun galt es, einen Sender zu finden, der das Projekt kaufen und ausstrahlen wollte. Die Großsender ABC, NBC und CBS lehnten

---

[1] Auch Rod Serling, der Produzent der TV-Reihe Twilight Zone (1959–1965) weiß ein Lied über die Zensur des kommerziellen Fernsehens zu singen: »Einmal durfte ich Hitlers Gasöfen nicht erwähnen, weil eine Gasfirma die Sendung sponserte.«

[2] Margaret L. Richardson, »Star Trek Con-ned«, Fantasy Image, Nr. 2 (March 1985)

[3] Pilotfilm: Fernsehfilm, der den Zuschauergeschmack testen soll. Kommt er an, bildet er die erste Episode einer Serie. Kommt er nicht an – what the hell. . .

zwar ab, doch die NBC-Verantwortlichen revidierten nach einiger Überlegung ihre Ansicht. Man bot Roddenberry 20.000 Dollar Honorar und erteilte Grünes Licht für drei Geschichten, aus denen man eine auswählen wollte, die sich für einen Pilotfilm eignete. So entstand 1964 mit einem Budget von 630.000 Dollar unter der Regie von Robert Butler der Fernsehfilm »The Cage«, in dem der Schauspieler Jeffrey Hunter[1] (1925–1969) in der Rolle des Captain Pike von der *Enterprise* von mit Suggestivkräften operierenden Aliens in eine Falle gelockt wird und zu ihrer geistigen Erbauung zum unfreiwilligen Stammvater eines neuen Volkes werden soll. Zu Pikes Mannschaft gehören der weibliche (!) Erste Offizier »Nummer Eins« und ein spitzohriger Außerirdischer namens Spock.

Die NBC-Verantwortlichen begutachteten das fertige Produkt und fanden es interessant. Doch man verlangte »geringfügige« Änderungen. Roddenberry mußte sich anhören, seine Story sei »zu intellektuell«, einige Elemente müßten abgeschwächt oder eliminiert werden: Nach Ansicht der TV-Bosse hielten sich zu viele Frauen an Bord der *Enterprise* auf. Kluge Kinder, so meinten sie, kämen unter Umständen auf die Idee, im Weltall werde vielleicht »Ringelpietz mit Anfassen« gespielt. Zudem sollte unter allen Umständen »der Typ mit den komischen Ohren« (Spock) aus der Serie fliegen. Er sähe »satanisch« aus, und man wolle doch, bitteschön, nicht die religiösen Gefühle der Christenheit verletzen.

Der Pilotfilm wurde nicht gesendet[2]. Roddenberry ballte die Faust in der Tasche und machte weiter, da NBC (und das war ungewöhnlich!) einen neuen Pilotfilm sehen wollte. Ein anderer Punkt, der ihn nicht fröhlich stimmen konnte, war das zickige Verhalten Jeffrey Hunters, der sich uneins war, ob die Rolle eines Weltraumschiffers seinem künstlerischen Image schaden könnte. Science Fiction war schließlich etwas für Spinner.

Als der zweite Pilotfilm vorbereitet wurde, stieg Hunter aus[3]. Roddenberry machte sich erneut an die Arbeit, dachte sich nach dem Vorbild von Cecil Scott Foresters Seeheld Horatio Hornblower

---

[1] Bekannt geworden durch seine Rollen in Der schwarze Falke (1956, Regie: John Ford) und König der Könige (1961, Regie: Nicholas Ray).

[2] Roddenberry war allerdings so clever, ihn 1966 für den Enterprise-Zweiteiler »Talos IV – Tabu« auszuschlachten.

[3] Er starb 1969 nach einer Gehirnoperation, nachdem er einige nicht sehr anspruchsvolle Spielfilme in Italien und Spanien gedreht hatte.

einen Captain namens James T. Kirk aus und besetzte ihn mit dem kanadischen Schauspieler William Shatner, der im Theater und in einigen Filmen aufgetreten war und sich nun als Gaststar in Fernsehserien verheizte. Der neue Film, der unter dem Titel »Where No Man Has Gone Before«[1] unter der Regie von James Goldstone entstand, fand den Beifall des Senders, der die Serie nun endlich in Auftrag gab. Roddenberry wurde zum ausführenden Produzenten ernannt, behielt sich jedoch vor, auch selbst einige Folgen zu schreiben. Um nicht den gleichen Fehler zu machen wie seine zahlreichen Vorgänger im SF-TV-Geschäft, nahm er sofort Kontakt mit allen maßgeblichen SF-Autoren der USA auf, um sie für das Projekt zu gewinnen. Das allgemeine Thema: Die Abenteuer der Besatzung eines Raumschiffes namens *Enterprise,* die im 23. Jahrhundert zu einer fünfjährigen Reise in den Weltraum aufbricht, um auf fremden Planeten lebenden Menschen und Nichtmenschen bei der Lösung von Problemen zu helfen.

Roddenberry hatte sein Ziel erreicht: Die *Enterprise* konnte zu ihrem Jungfernflug starten.

---

[1] Er wurde allerdings nicht als Pilotfilm, sondern als dritte Episode gesendet.

Das Enterprise-Universum und seine Helden

»Space, the final frontier. These are the voyages of the starship Enterprise. *Its five-year mission: to explore strange new worlds, to seek out life and new civilizations; to boldly go where no man has gone before.«* [1]

Die Föderation

Die Föderation der Vereinten Planeten ist ein politischer Völkerbund, dem die Erde und zahlreiche andere Welten angehören – Vulkan, Tellar, Andor, die Planeten der Sterne Rigel und Coridan etc. Die Föderation wird demokratisch regiert und führt keine Kriege; ihre Mitgliedswelten werden von Delegierten beim sogenannten Föderationsrat vertreten. Die Föderation unterhält zu Forschungszwecken in allen Teilen der Galaxis Raumstationen und Hospitäler, deren Computer alle wichtigen Daten speichern. Außerdem unterhält sie wissenschaftliche Forschungsteams, die archäologische Ausgrabungen vornehmen sowie die Galaxis erforschen und kartographieren. Über die Sicherheit der Föderation wacht die Sternenflotte, deren Kommandanten im interstellaren Raum mehr oder weniger autonom handeln.

Die Klingonen

Der Hauptkonkurrent der Föderation ist das Klingonische Imperium, dessen nur spärlich bewachsene Hauptwelt Kazh aus einer festen Landmasse besteht und keine Meere kennt. Zwar bedeutet Kazh in der Klingonensprache ebenfalls »Erde«, doch sind die dortigen Verhältnisse nicht mit denen unserer Erde vergleichbar: Das

---

[1] Die deutsche Fassung ist nicht nur weniger prosaisch, sie unterschätzt auch die Intelligenz des Zuschauers und dokumentiert naturwissenschaftliche Unbildung, indem sie demonstriert, daß sie nicht weiß, was es bedeutet, die Entfernung von einer Galaxis zur anderen zu überbrücken: »Der Weltraum. Unendliche Weiten. Wir schreiben das Jahr 2200. Dies sind die Abenteuer des Raumschiffs Enterprise, das mit seiner vierhundert Mann starken Besatzung fünf Jahre lang unterwegs ist, um neue Welten zu erforschen, neues Leben, neue Zivilisationen. Viele Lichtjahre von der Erde entfernt dringt die Enterprise in Galaxien vor, die nie ein Mensch zuvor gesehen hat.«

Imperium wird von einer Militärdiktatur beherrscht, deren Angehörige adeligen Geblüts, autoritäre Kommißköpfe und Herren über Leben und Tod ihrer Untertanen sind. Jeder Klingone ist Soldat, jeder Bürger hat einen militärischen Dienstgrad. Aufgrund der Rohstoffarmut ihrer Planeten sind die Klingonen stets auf der Jagd nach allem, was sie brauchen, was Zusammenstöße mit den Völkern der Föderation praktisch vorprogrammiert.

Die Romulaner

Ein anderes Volk, das sich reichlich mysteriös gibt, sind die Romulaner: Die Vulkanierabkömmlinge haben sich einst für das einzige raumfahrende Volk der Galaxis gehalten und beobachten die Ausdehnung der Föderation mit scheelen Blicken. Auch sie sind Militaristen und können gewalttätig werden. Die Form ihrer Raumschiffe deutet an, daß sie mit den Klingonen Handel treiben. Ihr Heimatplanet umkreist einen Doppelstern am Rand der Galaxis.

Die Enterprise

Das Raumschiff *Enterprise* gehört zur Constitution-Klasse und verfügt über eine Besatzung von etwa 430 Personen. Etwa ein Drittel der Mannschaft ist weiblichen Geschlechts, doch nicht alle Besatzungsmitglieder sind Angehörige der menschlichen Rasse. Angetrieben wird das Schiff von Dilithiumkristallen, die den Überlichtflug möglich machen. Da Raumschiffe der Constitution-Klasse aufgrund ihrer Größe nicht auf Planeten landen können, werden Landeeinheiten per »Transporter« an den jeweiligen Zielort »gebeamt« (gestrahlt): Transporter lösen die Atome fester Körper auf und setzen sie am Zielort wieder zusammen.

Die Enterprise-Mannschaft

Der Kommandant: Captain James T. Kirk (William Shatner), Anfang dreißig, ist ein dynamischer Haudegen mit Humor, der es sich auch nicht nehmen läßt, des öfteren als erster auf unbekannten Planeten zu landen, obwohl er über genügend Fachleute für solche Unternehmen verfügt.

Der Wissenschaftsoffizier: Mr. Spock (Leonard Nimoy), Alter unbekannt, doch extrem langlebig, stammt vom Planeten Vulkan und hat eine irdische Mutter. Obwohl er ein profunder Kenner irdischer Literaturklassiker (speziell Shakespeare) ist, bemüht er sich, vulkanischer zu sein als die Vulkanier und sein menschliches Erbe zu ignorieren, indem er emotionslos reagiert und der reinen Logik folgt.

Der Schiffsarzt: Dr. Leonard McCoy (DeForest Kelley), Mitte vierzig, »Pille« genannt, ist für seine scharfe Zunge und seinen trockenen Humor bekannt. Er fungiert als Captain Kirks »Gewissen« und läßt keine Gelegenheit aus, in einem Rededuell mit Mr. Spock den kürzeren zu ziehen.

Der Chefingenieur: Scotty (James Doohan), Mitte vierzig, heißt nicht nur Scott, er ist auch Schotte. Der geniale Maschinenmaat, dem im Notfall ein Stück Klingeldraht reicht, um einen Super-Duper-Generator zu konstruieren, liebt zwar den Whisky und die Frauen, entscheidet sich jedoch im Zweifelsfall lieber für den Maschinenraum.

Der Navigator: Chekov (Walter Koenig), Anfang zwanzig, ein sehr agiler Russe, vergißt gelegentlich, daß in seiner Heimat nicht *alles* erfunden wurde.

Der Steuermann: Mr. Sulu (George Takei), Ende zwanzig, ein Asiate unbekannter Abstammung aus San Francisco, sammelt Waffen, ist an Botanik interessiert und zweifelt keinen Befehl seines Captains an.

Die Nachrichtenoffizierin: Uhura (Nichelle Nichols), Mitte zwanzig, ist eine schöne Afrikanerin, die gern vor sich hinsingt und die Brückenmannschaft mit ihren langen Beinen entzückt.

Sie und der Rest der Mannschaft haben sich verpflichtet, fünf Jahre im Weltraum zu verbringen, dem Motto der Serie getreu: Neue Welten zu suchen, neue Planeten und Zivilisationen zu erforschen, und mutig dorthin zu gehen, wo vor ihnen noch niemand war.

Auf der Reise begegnen ihnen Menschen, Nichtmenschen und künstliche Intelligenzen: Indianer, Gangster aus den zwanziger Jahren, Nazis, alte Römer und Wesen, die aufgrund ihrer geistigen Fähigkeiten Anforderungen an die Phantasie stellen. Ihnen begegnen aber auch – etwa in »Der schlafende Tiger« – Vertreter der Menschheit, die einer Vergangenheit entstammen, die ihr Bewußtsein geprägt hat, so daß ihnen die Welt der Zukunft und das Miteinander der Völker fremd sind.

Sie treffen Geschöpfe, mit denen die Verständigung schon deswegen schwerfällt, weil sie nach anderen Kriterien urteilen, und sie begegnen skrupellosen und machthungrigen Elementen, die in den Möglichkeiten, die die *Enterprise* zu bieten hat, Waffen sehen, die dazu dienen können, persönliche »Karrieren« zu fördern.

Raumschiff Enterprise im Fernsehen

Produktion Desilu/Norway Productions für Paramount TV
Sender NBC
Ausführender Produzent Gene Roddenberry
Produzenten Gene Roddenberry, Gene L. Coon, John Meredyth Lucas, Fred Freiberger
Kamera Ernest Haller, Jerry Finnerman
Spezialeffekte Howard Anderson Company, Westheimer Company, Film Effects of Hollywood, Inc., Jim Rugg
Maske Fred Phillips
Musik Alexander Courage, Gerald Fried

1. Staffel (1966–1967)

1. Das Letzte seiner Art (The Man Trap, 1966, *Regie* Marc Daniels, *Drehbuch* George Clayton Johnson): Eine mysteriöses Lebewesen vom Planeten M113, das die Gestalt der früheren Geliebten McCoys angenommen hat und zum Überleben Kochsalz benötigt, stiftet Verwirrung unter der Mannschaft der *Enterprise* und bezahlt am Schluß mit dem Leben.

2. Der Fall Charlie (Charlie X, 1966, *Regie* Lawrence Dobkin, *Drehbuch* Dorothy C. Fontana, *Story* Gene Roddenberry): Ein nach einem Raumschiffabsturz auf dem Planeten Thasis aufgewachsener Halbwüchsiger, dem seine Gastgeber unheimliche Kräfte verliehen haben, verliebt sich Kirks Assistentin Janice Rand und bedroht die *Enterprise,* als Janice nicht auf seine Avancen eingeht.

3. Spitze des Eisberges (Where No Man Has Gone Before, 1966, *Regie* James Goldstone, *Drehbuch* Samuel A. Peeples): Nachdem die *Enterprise* am Rand der Galaxis eine merkwürdige Barriere durchstoßen hat, entwickeln zwei Mitglieder der Besatzung gottgleiche Kräfte, bis einer von beiden dem Größenwahn verfällt.

4. Implosion in der Spirale (The Naked Time, 1966, *Regie* Marc Daniels, *Drehbuch* John D.F. Black): Auf dem Planeten Psi 2000 wird die Mannschaft der *Enterprise* von einem Virus befallen, der sie dazu bringt, ihre unterbewußten Gefühle zu zeigen. Als es so aussieht, als triebe das Schiff dem Untergang entgegen, entwickelt Dr. McCoy ein Gegenmittel.

5. Kirk: 2 = ? (The Enemy Within, 1966, *Regie* Leo Penn, *Drehbuch* Richard Matheson): Bei einer Transporter-Fehlfunktion wird Captain Kirk in zwei Personen gespalten: die eine reagiert rational, die andere gefühlsmäßig. Erst der Versuch, eine auf einem eisigen Planeten gestrandete Landungsgruppe zu retten, vereinigt die beiden wieder.

6. Die Frauen des Mr. Mudd (Mudd's Women, 1966, *Regie* Harvey Hart, *Drehbuch* Stephen Kandel, *Story* Gene Roddenberry): Mudd, der ziemlich schräge Captain eines Handelsraumers, besitzt eine venusische Droge, die normal aussehende Menschen attraktiv macht. Er setzt sie dazu ein, auf dem Planeten Rigel XII dringend benötigte Dilithiumkristalle für die *Enterprise* zu besorgen.

7. Der alte Traum (What Are Little Girls Made Of?, 1966, *Regie* James Goldstone, *Drehbuch* Robert Bloch): Der auf dem Planeten Exo III verschollene vermeintliche Verlobte von Schwester Chapel und die von ihm aufgestellte Androidenarmee planen einen Eroberungszug und machen den Versuch, mit einem Double Kirks die *Enterprise* zu übernehmen.

8. Miri, ein Kleinling (Miri, 1966, *Regie* Vincent McEveety, *Drehbuch* Adrian Spies): Die *Enterprise* stößt auf einen Planeten, der von dreihundertjährigen »Kindern« bewohnt wird, die ein Virus nicht altern läßt. Die unerwiderte Liebe eines Mädchens zu Kirk kompliziert die Lage zusätzlich.

9. Der Zentral-Nervensystemmanipulator (Dagger of the Mind, 1966, *Regie* Vincent McEveety, *Drehbuch* Shimon Wincelberg [= S. Bar-David]): Kirk und seine Mannen untersuchen auf dem Strafplaneten Tantalus V die »fortschrittlichen« Erziehungsmethoden eines offenbar geistesgestörten Beamten, der eine Gehirnwäscheapparatur entwickelt hat.

10. Pokerspiele (Carbomite Maneuver, 1966, *Regie* Joseph Sargent, *Drehbuch* Jerry Sohl): Die *Enterprise* wird von einem riesi-

gen außerirdischen Schiff, das von einem greulichen Burschen be-
fehligt wird, zur Übergabe aufgefordert. Kirk setzt einen taktischen
Bluff ein, entlarvt den Unbekannten als harmlosen Zwerg und leiert
einen Kulturaustausch an.

11. Talos IV – Tabu (1) (The Menagerie [1], 1966, *Regie* Marc
Daniels, *Drehbuch* Gene Roddenberry): Spock kidnappt seinen
verkrüppelten Ex-Chef Pike, entführt mit Hilfe gerissener Compu-
tertricks die *Enterprise* und startet zum Planeten Talos IV, da er
weiß, daß dessen Bewohner Pike durch ihre überragenden Geistes-
kräfte ein glückliches Dasein ermöglichen können.

12. Talos IV – Tabu (2) (The Menagerie [2], 1966, *Regie* Robert
Butler, *Drehbuch* Gene Roddenberry): In der direkten Fortsetzung
steht Spock vor Gericht und erzählt die Geschichte von Pikes bizar-
rer Expedition nach Talos IV. (Beide Episoden leben im Wesentli-
chen von Aufnahmen des nicht ausgestrahlten Pilotfilms »The
Cage«).

13. Kodos, der Henker (The Conscience of the King, 1966, *Regie*
Gerd Oswald, *Drehbuch* Barry Trivers): Kirk entlarvt den Schauspieler Karidian als Ex-Herrscher des Planeten Tarsus IV, doch
dessen Tochter setzt alles daran, Papa zu decken.

14. Spock unter Verdacht (Balance of Terror, 1966, *Regie* Vincent McEveety, *Drehbuch* Paul Schneider): Nach einem Angriff
auf einen irdischen Außenposten stößt Captain Kirk erstmals auf
ein Schiff der vulkanierähnlichen Romulaner. Spock gerät in einen
bösen Verdacht, und ein Katz-und-Maus-Spiel nimmt seinen Anfang.

15. Landurlaub (Shore Leave, 1966, *Regie* Robert Sparr, *Drehbuch* Theodore Sturgeon): Ein Landurlaub der *Enterprise*-Crew
konfrontiert Kirk & Co. auf einem unbekannten Planeten, der ein
gigantischer Freizeitpark ist, mit einem Computer, der dem Bewußtsein der Besucher Informationen entnimmt, um sie illusionär
»wahr« werden zu lassen.

16. Notlandung auf Galileo 7 (The Galileo Seven, 1967, *Regie*

Robert Gist, *Drehbuch* Oliver Crawford, S. Bar-David, *Story* Oliver Crawford): Bei der Untersuchung eines Quasars stranden Spock, McCoy, Scotty und vier Gefährten von der *Enterprise* auf Taurus II und müssen sich mit dessen affenähnlichen Bewohnern raufen, während Kirk sich an Bord mit einem sturen Vorgesetzten auseinandersetzen muß, der den Weiterflug anordnet.

17. Tödliche Spiele auf Gothos (The Squire of Gothos, 1967, *Regie* Don McDougall, *Drehbuch* Paul Schneider): Auf dem Planeten Gothos muß Kirk gegen den Stutzer »General« Telane antreten, der die Erde des 18. Jahrhunderts kennt und in Mantel- und Degenspiele vernarrt ist. Telane entpuppt sich als verspieltes »Kind« zweier Lichtsphären, die das Schlimmste zwar verhüten, doch über sich und ihre Herkunft nichts enthüllen.

18. Ganz neue Dimensionen (Arena, 1967, *Regie* Joseph Pevney, *Drehbuch* Gene L. Coon, *Story* Fredric Brown): Nachdem Angehörige einer reptilienartigen Rasse einen irdischen Außenposten vernichtet haben, der ihrer Meinung nach ihr Territorium verletzt, werden Kirk und der Reptilienkapitän Gorm von einer »höheren« Rasse auf einen Asteroiden versetzt, um den Konflikt individuell zu regeln.

19. Morgen ist gestern (Tomorrow is Yesterday, 1967, *Regie* Michael O'Herlihy, *Drehbuch* Dorothy C. Fontana): Ein kosmischer Unfall verschlägt die *Enterprise* in die sechziger Jahre des 20. Jahrhunderts, wo sie für ein UFO gehalten wird und mit US-Abfangjägern aneinandergerät. Komplikationen führen dazu, daß zwei Soldaten an Bord gebeamt werden müssen, so daß man vor der Frage steht, wie man sie los wird, ohne den Geschichtsverlauf zu verändern.

20. Kirk unter Anklage (Court Martial, 1967, *Regie* Marc Daniels, *Drehbuch* Don M. Mankiewicz, Stephen W. Carabatsos, *Story* Don M. Mankiewicz): Kirk steht vor Gericht, da der (manipulierte) Computer der *Enterprise* ihn des Mordes an einem Kameraden beschuldigt. Der Ermordete jedoch lebt: Er erweist sich als rachsüchtiger Bursche, der Kirk wegen einer vermeintlichen Ungerechtigkeit schaden will.

21. Landru und die Ewigkeit (The Return of the Archons, 1967, *Regie* Joseph Pevney, *Drehbuch* Boris Sobelman, *Story* Gene Roddenberry): Der Computer Landru, der den Planeten Beta III beherrscht, manipuliert nicht nur seine Untertanen, sondern auch die Crew der *Enterprise*. Um die Bevölkerung des Planeten zu befreien, muß Kirk die Maschine zur Selbstvernichtung zwingen.

22. Der schlafende Tiger (Space Seed, 1967, *Regie* Marc Daniels, *Drehbuch* Gene L. Coon, Carey Wilbur): Kirk & Co. erwecken eine Gruppe im Tiefschlaf liegender Männer und Frauen, die seit 1996 in einem Raumschiff dahintreiben, und stellen fest, daß es sich um genetisch veränderte Übermenschen handelt, die die *Enterprise* in ihren Besitz bringen wollen.

23. Krieg der Computer (A Taste of Armageddon, 1967, *Regie* Joseph Pevney, *Drehbuch* Robert Hammer, Gene L. Coon, *Story* Robert Hammer): Kirk, Spock und der Föderationsbotschafter Fox werden auf dem Planeten Eminiar VII in einen Computerkrieg verwickelt, in dem zwar kein Schuß fällt, die Menschen aber trotzdem wie die Fliegen sterben.

24. Falsche Paradiese (This Side of Paradise, 1967, *Regie* Ralph Senensky, *Drehbuch* Dorothy C. Fontana, *Story* Nathan Butler, Dorothy C. Fontana): Geheimnisvolle Sporen, die irdische Siedler auf Omicron Ceti III so manipulieren, daß sie nur noch fürs Vergnügen leben, bedrohen die Crew der *Enterprise* und Spock (!), doch ein Kirkscher Zornausbruch bringt alles wieder ins Lot.

25. Horta rettet ihre Kinder (The Devil in the Dark, 1967, *Regie* Joseph Pevney, *Drehbuch* Gene L. Coon): Kirk und Spock auf der Spur eines geheimnisvoll-gespenstischen Lebewesens, das sich auf dem Planeten Janus VI durch menschliche Minenarbeiter bedroht sieht. Ein klassischer Fall von Völkerverständigung.

26. Kampf um Organia (Errand of Mercy, 1967, *Regie* John Newland, *Drehbuch* Gene L. Coon): Während Kirk und Spock sich bemühen, die Bewohner des neutralen Planeten Organia zu bewegen, ihre Welt zu einem Flottenstützpunkt der Föderation zu machen, greifen die Klingonen an. Die Organier – Energiewesen, die jede Gestalt annehmen können – zwingen die Klingonen und die Föderation zum Waffenstillstand.

27. Auf Messers Schneide (The Alternative Factor, 1967, *Regie* Gerd Oswald, *Drehbuch* Don Ingalls): Die *Enterprise* begegnet in der Kreisbahn eines unerforschten Planeten dem aus einer fremden Dimension stammenden Wesen Lazarus, das mit seinem »bösen« Alter Ego in ständigem Kampf liegt.

28. Griff in die Geschichte (The City on the Edge of Forever, 1967, *Regie* Joseph Pevney, *Drehbuch* Harlan Ellison): Kirk und Spock folgen dem aufgrund einer versehentlichen Injektion an Paranoia leidenden McCoy durch ein mysteriöses Portal ins Chicago der dreißiger Jahre, wo der Captain der *Enterprise* sich in eine warmherzige Frau verliebt, die sterben muß, damit der normale Ablauf der Menschheitsgeschichte gewährleistet bleibt.

29. Spock außer Kontrolle (Operation Annihilate, 1967, *Regie* Herschel Daugherty, *Drehbuch* Stephen W. Carabatsos): Die Crew der *Enterprise* rettet die Bewohner des Planeten Deneva, die von amöbenartigen Parasiten befallen sind und starke Anzeichen von Geistesgestörtheit zeigen.

2. Staffel (1967–1968)

30. Weltraumfieber (Amok Time, 1967, *Regie* Joseph Pevney, *Drehbuch* Theodore Sturgeon): Spock wird vom alle sieben Jahre ausbrechenden vulkanischen Paarungstrieb erwischt, und Kirk sieht sich unverhofft gezwungen, ihn auf traditionelle Vulkanierart zu bekämpfen. (Die deutsche Fassung verzichtet auf den »sexuellen« Hintergrund und läßt Spock simpel an »Weltraumfieber« erkranken).

31. Der Tempel des Apoll (Who Mourns For Adonais?, 1967, *Regie* Marc Daniels, *Drehbuch* Gilbert A. Ralston, Gene L. Coon, *Story* Gilbert A. Ralston): Die *Enterprise* begegnet auf Pollux IV dem Wesen Apollo, das behauptet, dem Volk anzugehören, das die alten Griechen einst als Götter verehrt haben. Apollos Versuch, die Mannschaft zu »Gläubigen« zu machen, schlägt jedoch fehl, da die Menschheit so weit über sich hinausgewachsen ist, daß sie keine Götter mehr braucht.

32. Ich heiße Nomad (The Changeling, 1967, *Regie* Marc Daniels, *Drehbuch* John Meredyth Lucas): Eine aus dem Jahr 2020 stammende irdische Sonde namens Nomad, die von einem außerirdischen »Kollegen« neu programmiert wurde und nun unter dem Befehl steht, alles »Unperfekte« zu eliminieren, vernichtet ein Sonnensystem mitsamt Bewohnern und bedroht die *Enterprise*.

33. Ein Parallel-Universum (Mirror, Mirror, 1967, *Regie* Marc Daniels, *Drehbuch* Jerome Bixby): Während eines Ionensturms werden Kirk und einige Getreue in ein alternatives Universum und auf eine *Enterprise* gebeamt, in der sich ihre Spiegelbilder als grausam und tückisch erweisen.

34. Die Stunde der Erkenntnis (The Apple, 1967, *Regie* Joseph Pevney, *Drehbuch* Max Ehrlich, Gene L. Coon, *Story* Max Ehrlich): Die *Enterprise*-Crew begegnet auf dem Planeten Gamma Trianguli VI einer Primitivkultur, die von einer Maschine beherrscht wird, die sie aus Machtgier unmündig hält.

35. Planeten-Killer (The Doomsday Machine, 1967, *Regie* Marc Daniels, *Drehbuch* Norman Spinrad): Eine gigantische Kampfmaschine aus einer fremden Galaxis, die im Weltraum Amok läuft und Planeten zerlegt, vernichtet beinahe die *Enterprise*.

36. Das Spukschloß im Weltall (Catspaw, 1967, *Regie* Joseph Pevney, *Drehbuch* Robert Bloch): Kirk & Co. werden auf dem Planeten Pyris VII von zwei in einem Schloß lebenden gespenstischen Geschöpfen, die über allerlei magische Kräfte verfügen und sich im Nachhinein als Wichte entpuppen, aus Gründen, die nur Robert Bloch kennt, alle naselang in Angst und Schrecken versetzt.

37. Der dressierte Herrscher (I, Mudd, 1967, *Regie* Marc Daniels, *Drehbuch* Stephen Kandel, David Gerrold): Ein Androide liefert die *Enterprise* an einen gewissen Harry Mudd aus, der auf einem Planeten über zweitausend diensteifrige Androiden gebietet, die die Menschheit in einem Goldenen Käfig gefangenhalten wollen.

38. Metamorphose (Metamorphosis, 1967, *Regie* Ralph Senensky, *Drehbuch* Gene L. Coon): Eine wolkenartige Lebensform, die Cochrane, den Erfinder des Warp-Antriebs, jung erhält, geht eine Metamorphose mit einer Passagierin der *Enterprise* ein, was dazu führt, daß Cochrane und sie ihre Unsterblichkeit einbüßen.

39. Reise nach Babel (Journey to Babel, 1967, *Regie* Joseph Pevney, *Drehbuch* Dorothy C. Fontana): Kirk bewältigt beim Transport einer Gruppe von Delegierten, zu denen auch Spocks Eltern gehören, mehrere Krisen und entlarvt einen orionischen Spion, der alles tut, um das Zustandekommen einer Konferenz auf dem Planeten Babel zu sabotieren.

40. Im Namen des jungen Tiru (Friday's Child, 1967, *Regie* Joseph Pevney, *Drehbuch* Dorothy C. Fontana): Beim Versuch, eine Allianz zwischen den kriegerischen Bewohnern von Capella IV und den Klingonen zu vereiteln, verletzt Kirk ein Tabu, brüskiert einen Thronräuber, muß mit der Witwe des Herrschers in die Berge flüchten und bringt ihren Sohn zur Welt, der zum neuen Herrscher ausgerufen wird.

41. Wie schnell die Zeit vergeht (The Deadly Years, 1967, *Regie* Joseph Pevney, *Drehbuch* David P. Harmon): Angehörige eines Landungstrupps – Kirk, Spock und McCoy inklusive – fangen nach einem Besuch auf dem einer geheimnisvollen Strahlung ausgesetzten Planeten Gamma Hydra IV rapide an zu altern, doch McCoy entdeckt im Adrenalin ein Gegenmittel.

42. Tödliche Wolken (Obsession, 1967, *Regie* Ralph Senensky, *Drehbuch* Art Wallace): Kirk & Co. begegnen auf dem Planeten Argus IV einem gasartigen Geschöpf, das Menschen tötet, vor Spock jedoch den Rückzug antritt. Des Rätsels Lösung ist das eisenhaltige menschliche Blut, das sich von dem der Vulkanier unterscheidet.

43. Der Wolf im Schafspelz (Wolf in the Fold, 1967, *Regie* Joseph Pevney, *Drehbuch* Robert Bloch): Scotty wird verdächtigt, auf dem Planeten Argelius II drei Frauen ermordet zu haben, doch Spocks logischer Verstand entlarvt als wahren Täter den historischen Killer Jack the Ripper – hier ein körperloses Wesen, das seit Jahrhunderten sein Unwesen treibt.

44. Kennen Sie Tribbles? (The Trouble With Tribbles, 1967, *Regie* Joseph Pevney, *Drehbuch* David Gerrold): Klingonische Agenten vergiften eine neue Weizenart, die die *Enterprise* zu einem vom Hunger bedrohten Planeten bringen soll. Ein von Uhura an Bord gebrachtes Pelzgeschöpf, ein Tribble, vermehrt sich rasend schnell, frißt den Weizen auf und bewahrt die Menschen vor einem schlimmeren Schicksal.

45. Meister der Sklaven (The Gamesters of Triskelion, 1968, *Regie* Gene Nelson, *Drehbuch* Margaret Armen): Kirk, Uhura und Chekov landen aufgrund eines Transporterfehlers auf dem Planeten Triskelion, dessen zu Tode gelangweilte Herrscher – drei Hirne unter Glas – sich mit der Organisation von Gladiatorenkämpfen beschäftigen.

46. Epigonen (A Piece of the Action, 1968, *Regie* James Komack, *Drehbuch* David P. Harmon, Gene L. Coon): Kirk, Spock und McCoy stoßen auf dem Planeten Iotia, auf dem hundert Jahre zuvor irdische Raumfahrer ein Sachbuch zurückgelassen haben, auf eine Gesellschaftsform, die auf den Regeln Chicagoer Gangsterbanden basiert, und werden in die geschäftlichen Auseinandersetzungen einiger »Bosse« verwickelt.

47. Das Loch im Weltraum (The Immunity Syndrome, 1968, *Regie* Joseph Pevney, *Drehbuch* Robert Sabaroff): Die *Enterprise* stößt auf ein riesiges amöbenartiges Geschöpf, das ein Sonnensystem und ein Föderationsschiff vernichtet hat. Da es die Galaxis zu schädigen droht, muß es vernichtet werden.

48. Der erste Krieg (A Private Little War, 1968, *Regie* Marc Daniels, *Drehbuch* Gene Roddenberry, *Story* Judd Crucis): Als Eingeborene des Primitivplaneten Neural von den Klingonen mit Waffen ausgerüstet werden, die ihren Stand der Technik weit übertreffen, sieht Kirk sich zu seinem Leidwesen gezwungen, auch ihre Rivalen mit Schußwaffen zu versehen, um das Gleichgewicht der Kräfte zu erhalten.

49. Geist sucht Körper (Return to Tomorrow, 1968, *Regie* Ralph Senensky, *Drehbuch* Gene Roddenberry): Drei in Glasbehältern lebende Geistwesen nisten sich in Kirk, Spock und Dr. Ann Mulhall ein, da sie den Bau künstlicher Körper planen, doch Intrigen unter ihnen führen fast zu einer Katastrophe.

50. [In dt. Sprache nicht gesendet] (Patterns of Force, 1968, *Regie* Vincent McEveety, *Drehbuch* John Meredyth Lucas): Ein Historiker hat auf dem Planeten Ekos ein Regime nach dem Muster Nazideutschlands etabliert, das seinem Assistenten die Möglichkeiten liefert, Haß gegen die Bewohner eines Nachbarplaneten zu säen. Kirk und Spock schließen sich Widerstandskämpfern an, entmachten den Assistenten und versetzen dem Regime den Todesstoß.

51. Stein und Staub (By Any Other Name, 1968, *Regie* Marc Daniels, *Drehbuch* Dorothy C. Fontana, Jerome Bixby, *Story* Jerome Bixby): Kriegerische Wesen aus der Galaxis Andromeda entführen die *Enterprise* und nehmen menschliche Gestalt an, doch verändern sie sich aufgrund gerissener Manipulationen der Mannschaft so sehr, daß sie ihre Identität verlieren und sich dem eigenen Volk entfremden.

52. Das Jahr des roten Vogels (Omega Glory, 1968, *Regie* Vincent McEveety, *Drehbuch* Gene Roddenberry): Ein Raumcaptain glaubt, auf dem von Erdkolonisten bevölkerten Planeten Omega IV das Geheimnis der Unsterblichkeit entdeckt zu haben, weswegen er mit den dort ansässigen Yangs (= Yankees?) mauschelt, die sich seit Urzeiten mit den Khoms (= Kommunisten?) Schlachten liefern.

53. Computer M5 (The Ultimate Computer, 1968, *Regie* John Meredyth Lucas, *Drehbuch* Dorothy C. Fontana, *Story* Lawrence N. Wolfe): Die *Enterprise* dient als Versuchskaninchen bei einem Experiment, das beweisen soll, daß multitronische Computer Raumschiffe wirkungsvoller bedienen können als Menschen. Das Experiment geht schief.

54. Brot und Spiele (Bread and Circuses, 1968, *Regie* Ralph Senensky, *Drehbuch* Gene L. Coon, Gene Roddenberry, *Story* John Kneubuhl): Ein Captain der Sternenflotte hat in der altrömischen Welt des Planeten 892 IV wie ein Cäsar die Macht übernommen und will die Crew der *Enterprise* bei Gladiatorenkämpfen in der Arena verheizen.

55. Ein Planet, genannt Erde (Assignment Earth, 1968, *Regie* Marc Daniels, *Drehbuch* Gene Roddenberry, Art Wallace, *Story*

Art Wallace): Die Crew der *Enterprise* gerät an einen gewissen Gary Seven, der von Außerirdischen aufgezogen wurde, um die Menschheit vor der Atomkraft und sich selbst zu bewahren. Eine Zeitreise ins Jahr 1968 führt beinahe zu einer atomaren Katastrophe.

3. Staffel (1968–1969)

56. Spocks Gehirn (Spock's Brain, 1968, *Regie* Marc Daniels, *Drehbuch* Lee Cronin [= Gene L. Coon]): Eine geheimnisvolle Frau materialisiert an Bord der *Enterprise* und entführt Spocks Gehirn, damit es auf Sigma Draconis IV die von den Männern getrennt lebenden Frauen regiert. Kirk und McCoy stehlen es zurück und geben den Damen den Rat, sich mit den Männern zusammenzutun.

57. Die unsichtbare Falle (The Enterprise Incident, 1968, *Regie* John Meredyth Lucas, *Drehbuch* Dorothy C. Fontana): Kirk und Spock segeln unter falscher Flagge und bemühen sich trickreich, den Romulanern ein Tarngerät zu klauen.

58. Der Obelisk (The Paradise Syndrome, 1968, *Regie* Jud Taylor, *Drehbuch* Margaret Armen): Der an Gedächtnisschwund leidende Kirk stößt auf einem Planeten auf einen Stamm von Indianern, den man vor Jahrhunderten ausgesetzt hat. Er avanciert zum Medizinmann und heiratet – ohne zu ahnen, daß dem Planeten durch einen Asteroiden die Vernichtung droht.

59. Kurs auf Markus 12 (And Children Shall Lead, 1968, *Regie* Marvin J. Chomsky, *Drehbuch* Edward J. Lasko): Kindliche Nachfahren von Angehörigen einer Forschungsexpedition stehen auf dem Planeten Triacus im Bann eines außerirdischen Wesens, das mit den heimlichen Ängsten der *Enterprise*-Crew spielt und einen Versuch macht, das Schiff zu erobern.

60. Die fremde Materie (Is There No Truth in Beauty?, 1968, *Regie* Ralph Senensky, *Drehbuch* Jean Lisette Aroeste): Spock erblickt einen Angehörigen der aus Energie bestehenden Rasse der Medusen, so daß ihm der Wahnsinn droht, doch eine blinde Telepathin kann ihn retten.

61. Wildwest im Weltraum (Spectre of the Gun, 1968, *Regie* Vincent McEveety, *Drehbuch* Lee Cronin [= Gene L. Coon]): Nach einer Verletzung des melkotianischen Raums werden Kirk und seine Leute in die bizarre Rekonstruktion der legendären Schießerei zwischen Wyatt Earp, dessen Brüdern, Doc Holliday und der Clanton-Bande verwickelt.

62. Das Gleichgewicht der Kräfte (Day of the Dove, 1968, *Regie* Marvin J. Chomsky, *Drehbuch* Jerome Bixby): Ein sich von negativen Emotionen ernährendes Energiewesen vernichtet eine Kolonie der Föderation und schürt den Haß zwischen der Crew eines Klingonenschiffes und der *Enterprise*-Besatzung.

63. Der verirrte Planet (For the World is Hollow and I Have Touched the Sky, 1968, *Regie* Anton Leader, *Drehbuch* Rick Vollaerts): Kirk und Spock bewahren die Bewohner eines als Asteroid getarnten Raumschiffes vor einer Kollision. McCoy, plötzlich unheilbar krank, verguckt sich in die Herrscherin, und ein mysteriöses Orakel entpuppt sich als Computer.

64. Das Spinnennetz (The Tholian Web, 1968, *Regie* Ralph Senensky, *Drehbuch* Judy A. Burns, Chet L. Richards): Während Kirk nach der Entdeckung eines steuerlos treibenden Schiffes, das in den Hyperraum überwechselt, gefangen ist, versuchen Raumschiffe der Tholianer, die *Enterprise* in einem Netz zu fangen.

65. Platos Stiefkinder (Plato's Stepchildren, 1968, *Regie* David Alexander, *Drehbuch* Meyer Dolinsky): Die *Enterprise* reagiert auf einen medizinischen Hilferuf des Planeten Platonius, dessen Bewohner und Herrscher die Crew mit psychokinetischen Kräften versklaven wollen.

66. Was summt denn da? (Wink of an Eye, 1968, *Regie* Jud Taylor, *Drehbuch* Arthur Heineman, *Story* Lee Cronin [= Gene L. Coon]): Nach einem Besuch auf dem entvölkerten Planeten Scalos kommt Kirk Lebewesen auf die Spur, die sich so schnell bewegen, daß man sie nicht sieht: Die Königin von Scalos und ihre überlebenden Getreuen wollen den Planeten mit Hilfe der *Enterprise* neu bevölkern.

67. Der Plan der Vianer (The Empath, 1968, *Regie* John Erman, *Drehbuch* Joyce Muskat): Kirk, Spock und McCoy stoßen auf dem Planeten Minara III, dessen Sonne zur Nova wird, auf eine Mutantin, die die Schmerzen anderer absorbieren kann, und werden in eine schwer nachvollziehbare Prüfung verwickelt, bei der es um die Rettung ihres Volkes geht.

68. Brautschiff Enterprise (Elaan of Troyius, 1968, *Regie* John Meredyth Lucas, *Drehbuch* Joyce Muskat): Kirk verliebt sich in eine hübsche Herrscherstochter, die aus Gründen der Staatsraison heiraten muß, und kommt dahinter, daß ihr Gatte in spe mehr an dem auf ihrer Welt vorkommenden Dilithium interessiert ist.

69. Wen die Götter zerstören (Whom the Gods Destroy, 1969, *Regie* Herb Wallerstein, *Drehbuch* Lee Erwin, *Story* Jerry Sohl, Lee Erwin): Ein durchgedrehter Raumschiffcaptain hat die Leitung einer psychiatrischen Station der Föderation übernommen und will auch die *Enterprise* in seinen Besitz bringen.

70. Bele jagt Lokai (Let That Be Your Last Battlefield, 1969, *Regie* Jud Taylor, *Drehbuch* Oliver Crawford, *Story* Lee Cronin [= Gene L. Coon]): Zwei Bewohner des Planeten Charon, aus rassistischen Gründen verfeindet, drohen die *Enterprise* in ein Schlachtfeld zu verwandeln.

71. Fast unsterblich (The Mark of Gideon, 1969, *Regie* Jud Taylor, *Drehbuch* George F. Slavin, Stanley Adams): Kirk wird von korrupten Politikern auf den überbevölkerten Planeten Gideon gelockt, auf dem es keine Krankheiten gibt, und mit einem Virus infiziert, der einen Teil der Bewohner ausrotten soll.

72. Gefährliche Planetengirls (That Which Survives, 1969, *Regie* Herb Wallerstein, *Drehbuch* John Meredyth Lucas, *Story* Michael Richards): Ein computergesteuertes weibliches Hologramm materialisiert aus dem Nichts auf der *Enterprise* und tötet Menschen. Kirk, Sulu und McCoy schlagen sich auf einem verlassenen Planeten durch und entlarven den Steuerungsmechanismus als Relikt einer ausgestorbenen Rasse.

73. Strahlen greifen an (The Lights of Zetar, 1969, *Regie* Herb Kenwith, *Drehbuch* Jeremy Tarcher, Shari Lewis): Ein intelligenter Elektronensturm reklamiert den Körper der sich an Bord der *Enterprise* befindenden Leutnant Mira für sich und bringt den in sie verliebten Scotty in Gefahr.

74. Planet der Unsterblichen (Requiem For Methuselah, 1969, *Regie* Murray Golden, *Drehbuch* Jerome Bixby): Auf der Suche nach einem Mittel gegen das rigelianische Fieber lernen Kirk & Co. einen Unsterblichen kennen, der früher in Gestalt prominenter Vertreter der Menschheit (u.a. Da Vinci, Brahms) auf der Erde gelebt hat.

75. Die Reise nach Eden (The Way to Eden, 1969, *Regie* David Alexander, *Drehbuch* Arthur Heineman, *Story* Michael Richards): Ein Forscher, der von der Zivilisation die Nase voll hat, übernimmt mit einer Gruppe von Weltraumhippies die *Enterprise* und landet auf dem paradiesischen Planeten Eden, dessen Flora sich aber als hochgiftig erweist.

76. Die Wolkenstadt (The Cloud Minders, 1969, *Regie* Jud Taylor, *Drehbuch* Margaret Armen, *Story* David Gerrold, Oliver Crawford): Die Mannschaft der *Enterprise* setzt sich auf dem Planeten Ardana für unter unwürdigen Bedingungen lebende Minenarbeiter ein und macht der herrschenden Bonzokratie klar, daß die Zeiten der Sklaverei vorbei sind.

77. Seit es Menschen gibt (The Savage Curtain, 1969, *Regie* Herschel Daugherty, *Drehbuch* Gene Roddenberry, Arthur Heineman, *Story* Gene Roddenberry): Ein außerirdisches Steinwesen lädt Kirk und Spock ein, einem Kampf des »Guten« gegen das »Böse« beizuwohnen und zwingt sie, gegeneinander anzutreten, was sie jedoch verweigern.

78. Portal in die Vergangenheit (All Our Yesterdays, 1969, *Regie* Marvin J. Chomsky, *Drehbuch* Jean Lisette Aroeste): Eine mysteriöse Maschine auf dem Planeten Sarpeidon, dessen Sonne allmählich zur Nova wird, versetzt Kirk, Spock und McCoy in unterschiedliche Epochen der Geschichte, in denen sie einige Abenteuer erleben.

79. Gefährlicher Tausch (Turnabout Intruder, 1969, *Regie* Herb Wallerstein, *Drehbuch* Arthur H. Singer, *Story* Gene Roddenberry): Dr. Janice Lester, eine neidische Ex-Geliebte Kirks, läßt ihr Bewußtsein in den Körper des *Enterprise*-Kommandanten versetzen und wird aufgrund ihres irrationalen Verhaltens von Spock entlarvt.

Das Ende und der Anfang

Inwiefern Roddenberry sein für Frieden, Toleranz und Völkerverständigung eintretendes Geheimkonzept tatsächlich verwirklichen
konnte, sei dahingestellt. Tatsache bleibt, daß der Eindruck, den
Raumschiff Enterprise auf Teile der jungen Generation machte, be-
trächtlich war und Captain Kirk und seine gemischtrassige Truppe
ohne das weit verbreitete Knallbumm der Film-, Buch- und Maga-
zin-SF dieser Zeit auskamen.

Daß die positiv gezeichneten Helden auf der Brücke der *Enterprise*
erst nachdachten, bevor sie den »Phaser« zogen (der den Gegner
zudem nur lähmte), paßte so recht zum aktuellen Zeitgeist: *Love
and Peace* waren Mitte der sechziger Jahre aktuell geworden und
schwebten jedem vor, der keine Lust mehr hatte, sich von konser-
vativen und reaktionären Meinungsmachern, zu denen nicht selten
das eigene Elternhaus gehörte, indoktrinieren zu lassen. Nach der
Pop-Revolution suchte man nach neuen Formen des Zusammenle-
bens und neuen Formen der Unterhaltung: Science Fiction, Comics, Rock und Drogen wurden populär, Unlust an der Leistungs-
gesellschaft breitete sich aus. Man wollte zusammen leben, solange
man jung war. Die britische Rock-Formation The Who brachte das
Lebensgefühl ihrer Generation mit dem Song »My Generation« auf
den Punkt: »Hope I die before I get old« – »Ich hoffe, ich sterbe,
bevor ich alt werde. . .«

Das Rauchen von Marihuana wurde schick, der Jugend war fast jedes Mittel Recht, der Elterngeneration zu zeigen, daß sie nichts mit
ihr gemein hatte. Während die amerikanischen Hippies der Entpoli-
tisierung das Wort redeten, indem sie sagten, man solle zuerst im
eigenen Kopf aufräumen, demonstrierten die europäischen Studenten mit Spruchbändern wie »Am toten Vietnamesen soll die freie
Welt genesen« gegen den Krieg in Vietnam und lieferte sich Stra-
ßenschlachten mit der Polizei.

Die Zeitschrift *Twen* nannte das Jahr 1966, in dem die ersten *Enterprise*-Abenteuer über die Bildschirme flimmerten, »sex- und se-
xig«. Alte Moralvorstellungen wurden überrollt. Eine zentrale
Rolle spielte die »Pille«, die »Liebe ohne Angst« ermöglichte. Insgesamt stellte man 1966 ein wachsendes weibliches Selbstbewußt-
sein und zunehmende Verunsicherung der Männer fest.

Pop-Hits des Jahres waren »Keep On Running« (Spencer Davis

Group), »Michelle« (The Overlanders), »The Sun Aint't Gonna Shine Anymore« (The Walker Brothers), »Somebody Help Me« (Spencer Davis Group), »Pretty Flamingo« (Manfred Mann), »Paint it Black« (The Rolling Stones), »Paperback Writer« (The Beatles), »Sunny Afternoon« (The Kinks), »Get Away« (Georgie Fame), »With a Girl Like You« (The Troggs) und »Out Of Time« (Chris Farlowe).

In der Welt der Science Fiction gründete Michael Moorcock in London den Verlag New Worlds Publishing und machte aus dem bis dahin eher biederen SF-Magazin *New Worlds* ein Avantgardeblatt, das die SF alter Prägung verspottete. Der New Yorker Verlag Galaxy Publishing startete *International Science Fiction,* ein Magazin, das den Amerikanern erstmals Texte fremdsprachiger Autoren vorstellte. Der Brite J.G. Ballard veröffentlichte seinen SF-Katastrophenroman KRISTALLWELT. In den USA machten Samuel R. Delany mit BABEL-17 und EINSTEIN, ORPHEUS AND ANDERE sowie Roger Zelazny mit HERR DES LICHTS Furore. Harlan Ellison, der ein Jahr später mit »Griff in die Geschichte« auch bei *Raumschiff Enterprise* mitmischte, gab die SF-Anthologie GEFÄHRLICHE VISIONEN heraus, die nur Erzählungen enthielt, die aufgrund ihrer gewagten Thematik in keinem regulären SF-Magazin eine Chance zum Abdruck bekommen hätten.

Zu den kommerziell erfolgreichsten SF-Filmen des Jahres 1966 gehörten *Fahrenheit 451* (Regie: François Truffaut, nach dem Roman von Ray Bradbury), *Batman* (Regie: Leslie Martinson, nach dem Comic-Strip von Bob Kane und Bill Finger), *Die phantastische Reise* (Regie: Richard Fleischer, am Drehbuch beteiligt: Jerome Bixby, der ab 1967 ebenfalls an *Raumschiff Enterprise* mitarbeitete) und *Das zehnte Opfer* (Regie: Elio Petri, nach dem Roman von Robert Sheckley). Die MPAA[1] schaffte endlich den Production Code ab. Nach den überwältigenden Erfolgen der James Bond-Filme wurde das europäische Kino von einer Welle futuristischer Agentenfilme überflutet. Im deutschen Fernsehen (ARD) startete am 17. September die SF-Serie *Raumpatrouille,* die mit einem Budget von 3,5 Millionen DM die aufwendigste Produktion der Bavaria war und trotz eines schier unglaublichen SF-Kauder-

---

[1] MPAA: Motion Picture Association of America. 1922 gegründete Standesorganisation der Produzenten und Verleiher in Hollywood.

welschs viele Zuschauer begeisterte. 1966 erlebte auch die gedruckte SF ihren ersten Boom: In der Bundesrepublik kommen mehrere neue Taschenbuchreihen sowie die Serien *Ren Dhark* und *Rex Corda* auf den Markt.

Obwohl auch in den USA zu dieser Zeit die SF in Buch, Film und Fernsehen eine Blüte erlebte, wäre es ein Trugschluß zu glauben, Gene Roddenberrys Schöpfung sei erfolgreich gewesen: Für NBC war *Raumschiff Enterprise* ein gewöhnlicher Flop. Die mangelnde Akzeptanz breiter Zuschauerkreise, die beim privaten Fernsehen über Wohl und Wehe jeder Produktion entscheidet, ließ die *Enterprise* nicht einmal Platz 51 der beliebtesten Sendungen erreichen.
Noch bevor die zweite Staffel abgefilmt war, kam die Anweisung, die *Enterprise* abzuwracken. Daß es nicht dazu kam, lag an einem überwältigenden Fanprotest (binnen weniger Tage gingen über eine halbe Million [!] Briefe bei NBC ein), der zur Realisierung einer dritten Staffel führte. Als dann das Aus kam, schlugen die Wellen des Protests noch höher: »Hunderte von Studenten des California Institute of Technology (CalTech) marschierten in einem Fackelzug zur NBC-Verwaltung. Ein Zeppelin wurde gemietet, um über Los Angeles mit Spruchbändern gegen den Entschluß zu demonstrieren. Ein erzürnter Hubschrauberpilot bombardierte den Stadtteil Burbank, wo NBC sitzt, mit einer Ladung gelben Klosettpapiers.«[1]
Doch all dies nützte nichts. NBC strahlte die letzte Folge am 3. Juni 1969 aus. Gene Roddenberry: »Dann kam ein Typ von der Demographie zum Sender und sagte, ›Herzlichen Glückwunsch, ihr habt gerade eure wichtigste und erfolgreichste Serie gekillt.‹ Niemand wußte, wovon er redete. Hatte *Raumschiff Enterprise* denn nicht niedrige Einschaltquoten gehabt? Dann erklärte er ihnen, daß die Zuschauer, demographisch gesehen, genau die waren, die Geld für Neuwagen und Wohnungseinrichtungen und so weiter ausgaben. Der Sender hatte lediglich Köpfe gezählt: Witwen von Feuerwehrmännern im Rentenalter und dergleichen. *Raumschiff Enterprise* aber hatte ein Publikum erreicht, das man bis dahin nie für wichtig gehalten hatte: Eine bis ins letzte klassifizierbare Verbrauchergruppe, die im ganzen Land kaufkraftmäßig eine Menge zu sagen

---

[1] Jesco von Puttkamer: »Star Trek – Mythos der Zukunft?«, Munich Round Up, Nr. 140 (Mai 1976)

hatte. Bei NBC wurde fast ein Jahr darüber diskutiert, ob man die Serie wieder ins Programm nehmen sollte, aber da war es schon zu spät.«

Obwohl *Raumschiff Enterprise* die Leser gedruckter SF trotz der Mitwirkung von bekannten Genre-Autoren wie Norman Spinrad, Theodore Sturgeon, Harlan Ellison, Fredric Brown und Robert Bloch nur mäßig beeindruckt hatte, war die Serie dem »normalen« Zuschauer von der Machart und der Figurenauswahl her revolutionär erschienen: Zum ersten Mal war etwas auf dem Bildschirm zu sehen, das ohne heroische Einzelkämpfer, kindische Begleiter, »witzige« Roboter, die in der Film- und TV-SF der fünfziger Jahre so beliebte 1984-Mentalität (graue Uniformen, in Kälte erstarrte Gesichter, mit toter Stimme gesprochene Dialoge) und ohne militaristische Töne auskam: Zu den Hauptakteuren gehörten eine *schwarze Frau,* ein *japanischer* Steuermann, ein *außerirdischer* Erster Offizier und ein *russischer* Navigator. Die Schurken, die im All und anderswo ihren Weg kreuzten, waren im Gegensatz zu denen, die man aus den Serials und alten TV-Serien kannte, weder *von Natur aus* noch als *Rasse* böse, so daß auch keine Folge mit ihrer totalen Vernichtung endete. Besonders gut kam der Vulkanier Spock bei den Zuschauern an – genau das Element, das die NBC-Bosse anfangs als »satanisch« klassifiziert und am liebsten eliminiert hätten.

Doch auch aus den Reihen jener, für die *Raumschiff Enterprise* nicht die erste Begegnung mit der SF gewesen war, kamen Worte der Verblüffung: »Wir warteten darauf, daß irgendein Halbwüchsiger oder klugscheißender Roboter ins Bild trat, aber wir kriegten nichts davon zu sehen. . . Uns fiel auf, daß dort Angehörige verschiedener Rassen, Geschlechter und planetarischer Herkunft zusammenarbeiteten. Man führte uns eine Zukunft vor, die man sich vorstellen konnte, ohne sich vor Schmerzen zu krümmen: Ein konstruktives Morgen für die Menschheit, mit den Schwerpunkten Forschung und Expansion. Es war die SF-TV-Serie, die wir alle gern sehen wollten. Wir waren ausnahmslos sehr beeindruckt. . .«[1].

Typisch für viele *Enterprise*-Fans der sechziger Jahre, die – zumindest in den USA – mehrheitlich weiblichen Geschlechts sind, ist die Aussage einer damals 13jährigen Zuschauerin:

---

[1] zit. nach Edward Gross/Mark A. Altman: GREAT BIRDS OF THE GALAXY

»Gebannt von der Vorstellung, wir Erdlinge könnten tatsächlich miteinander auskommen, schaute ich mir die Serie jede Woche gewissenhaft an. In dem Örtchen, in dem ich wohnte, lebten nur weiße Protestanten angelsächsischer Herkunft. (Es gab zwar auch eine kleine katholische Gemeinde, doch sie wurde meist ignoriert. Die vorherrschende Ansicht war: Wenn man sie ignoriert, hauen sie von allein ab. Was sie natürlich nicht getan haben). Wie toll es doch war, Kirk (den furchtlosen Anführer, weiß, und natürlich Amerikaner), Uhura (schwarz, gütiger Gott, und auch noch eine *Frau!*), Sulu (war er vielleicht ein Nachfahre jener Japaner, die Pearl Harbor bombardiert hatten?), Scotty (relativ harmlos, aber was für einen entzückenden Akzent er sprach – sollte er nicht lieber irgendwo Kartoffeln anbauen?) und Chekov (Herr, steh uns bei! Er gehört zu den verdammten Russen!) zu sehen. Ganz zu schweigen von Spock, dem *echten* Alien. Dank seiner spitzen Ohren zweifle ich nicht daran, daß meine Mutter und viele andere ihn für die Verkörperung des Teufels hielten. Sie alle saßen auf der Brücke oder im Konferenzraum und arbeiteten Woche für Woche zusammen an einem gemeinsamen humanitären Ziel. All dies veränderte mein Denken und machte mir jene bewußt, die man vielleicht für ›andersartig‹ hielt, doch die diesen Planeten ebenfalls als ihre Heimat bezeichnen.«[1]

Nach der Abmusterung der *Enterprise*-Mannschaft wurden die Episoden der Serie zur Zweitauswertung an unabhängige Privatsender lizenziert – bei denen dann das Wunder geschah: Die ständigen Reprisen führten dazu, daß die *Enterprise*-Helden auch in Publikumskreisen Popularität gewannen, die der SF zuvor nichts abgewonnen hatten.
In der Zwischenzeit war allerdings auch einiges geschehen: Der Astronaut Neil Armstrong hatte den ersten Spaziergang auf dem Mond hinter sich gebracht, und das Interesse an Themen, die mit der Weltraumfahrt zu tun hatten, nahm zu. Die *Enterprise*-Wiederholungen bauten Fangemeinden auf, die Kirk, Spock & Co. fast kultisch verehrten und Briefkampagnen organisierten, um NBC zu einer Fortsetzung zu bewegen. Diese realisierte man 1973 in Form

---

[1] Gail Schnirch: »Reflections on Star Trek: Past, Present and Future«, in Walter Irwin/G.B. Love: THE BEST OF TREK (Nr. 14), New York: New American Library 1988

einer Zeichentrickserie, deren Figuren teilweise mit den Stimmen der Originalschauspieler sprachen.

Roddenberrys Ideen waren allerdings nicht überall so willkommen, wie er erhofft hatte; gelegentlich wurden sie auch zum Gegenstand fragwürdiger Zensurmaßnahmen: Der im Gebiet von Dallas/Fort Worth operierende TV-Sender KXTX sah sich zum Beispiel bemüßigt, einige *Enterprise*-Folgen heftig zu schneiden: »Das Letzte seiner Art«, »Der Fall Charlie«, »Talos IV – Tabu«, »Spitze des Eisbergs«, »Der alte Traum« und »Das Spukschloß im Weltall«. Das sich als christlich bezeichnende Unternehmen hatte in den betreffenden Episoden nämlich antichristliche Tendenzen erspäht.

Als die Wiederholungen der *Enterprise*-Abenteuer liefen, schlossen die Fans sich in Clubs zusammen, kommunizierten mit Hilfe hektographierter Fanzines (1978 wurden in den USA 371 *Enterprise*-Clubs und 431 *Enterprise*-Amateurblättchen gezählt) und trafen sich auf Konventen, um die Fahne ihrer Begeisterung hochzuhalten und den Worten ihrer alten Helden zu lauschen, die es sich nicht nehmen ließen, sich ihnen persönlich zu stellen. Welche Dimensionen die »Trekker«-Bewegung nach dem *Enterprise*-Tod annahm und welche Blüten ihre Verehrung trieb, verdeutlicht eine Pressemeldung:

»NEW YORKER GENERALSTAATSANWALT
ERMITTELT IN SACHEN STAR TREK-KONVENT

Louis Lefkowitz, der New Yorker Generalstaatsanwalt, gab Anfang der Woche bekannt, daß man in der Frage ermittelt, ob die Veranstalter des vom 23. bis 25. Januar 1976 im New York Hilton abgehaltenen Mammut-Star Trek-Konvents wegen Betrugs angeklagt werden können, da sie zu viele Eintrittskarten für die Tagung verkauft haben.

Der Konvent, der laut einer Schätzung der NEW YORK TIMES zwischen 20.000 und 50.000 Personen anzog, mußte Samstag und Sonntag zahlreichen Eintrittskartenbesitzern den Zutritt verwehren, da sie in Massen die Hotelräumlichkeiten überschwemmten. Lefkowitz will ermitteln, ob absichtlich zu viele Eintrittskarten verkauft wurden. Falls ein Vorsatz nachgewiesen werden kann, wird der Staat New York Anklage erheben. . . Die Organisatoren des Konvents erklärten in einem Interview mit dem Rundfunksender WCBS-AM: ›Wir haben dem Hotel erklärt, es müsse pro Tag mit 10 000 Besuchern rechnen, aber offenbar hat man uns nicht ernstgenommen.‹ Samstag und Sonntag tauchten freilich viel mehr als 10.000 Besucher auf. Die Hotelleitung alarmierte an beiden Tagen die Polizei, da es niemandem mehr möglich war, sich in den Hotelkorridoren zu bewegen. Die Tagung war zudem jämmerlich organisiert: Filme, die Freitagabend gezeigt werden sollten, kamen nicht zur Aufführung. Laut Aussage der Veranstalter war der Laster mit den Filmen aus Chicago noch unterwegs. Eintrittskartenbesitzer klagten, sie hätten für Leistungen gezahlt, die die Veranstalter gar nicht hätten einhalten können. Es kam mehrfach zu scharfen Auseinandersetzungen.«[1]

Schon Mitte 1975 hatte sich das Gerücht verdichtet, die Firma Paramount plane einen Kinofilm mit den *Enterprise*-Stars. 1976 war aus dem Projekt dann ein zweistündiger Fernsehfilm geworden, an dessen Drehbuch angeblich Howard Burke, Chris Knopf, Will Loren und Howard Rodman arbeiteten. Das SF-Fachblatt LOCUS meldete am 30. April 1976 in einer Rubrik über anstehende Filmprojekte: »In Produktion: Star Trek (Paramount), Regie: Jud Taylor«. Aus dem TV-Film war wieder ein Kinofilm geworden.

Ein von Fans in Gang gesetzte Briefkampagne, die auch US-Präsident Gerald Ford unterstützte, brachte die NASA nicht nur dazu, das erste Space Shuttle auf den Namen *Enterprise* zu taufen, sondern vor dem Start auch die Titelmusik der Fernseherie zu spielen – eine Kinderei, die zumindest Gene Roddenberry äußerst aufschlußreich fand: »Herr im Himmel, dachte ich, *das* sind die Typen, die unser Land regieren!«

Am 30. September 1976 meldete LOCUS: »Der seit langem erwartete *Enterprise*-Kinofilm ist seiner Realisierung mit ganzseitigen Anzeigen in den Fachzeitschriften Hollywoods und der Ankündigung, Phil Kaufman und die britischen Autoren Alan Scott und Chris Bryant seien als Regisseur und Drehbuchschreiber engagiert worden, ein paar Schritte näher gekommen. Jerry Isenberg und Gene Roddenberry sollen als ausführender Produzent bzw. Produzent fungieren. Die Paramount-Produktion soll laut Terminplan im Frühjahr beginnen. Namen von Darstellern wurden noch nicht genannt.«

Am 30. Dezember 1976 hieß es in LOCUS: »Bis jetzt wurde noch kein Starttermin für die *Enterprise*-Kinoversion festgelegt, die un-

---

[1] Andy Porter: »New York State Attorney General Investigates Star Trek Convention«, Locus, Nr. 184 (30.1.1976)

ter Roddenberrys Ägide bei Paramount verfilmt werden soll. Auch Darstellernamen wurden noch nicht bekanntgegeben. Man rechnet damit, daß der Film im April in Angriff genommen wird.«

Im Juli 1977 war wieder alles aus. Kurz vor der Aufführung des Films *Krieg der Sterne* wurde die *Enterprise*-Kinoversion ohne Angabe von Gründen »endgültig« zu den Akten gelegt. Gerüchte besagten, Paramount habe kein *Enterprise*-typisches Drehbuch bekommen, sei nicht in der Lage, bestimmte Verträge zu verlängern und glaube, *Krieg der Sterne* werde dem Publikum alles geben, was die SF zu bieten habe. Mit anderen Worten: Man glaubte, mit *Krieg der Sterne* nicht konkurrieren zu können.

Allerdings gab das Studio nun bekannt, man werde *Raumschiff Enterprise* im Frühjahr 1978 wieder als wöchentliche TV-Serie auf den Markt bringen. Die neue TV-Serie sollte nicht im Programm der etablierten Großsender laufen, sondern bei einem in Gründung befindlichen neuen Sender sowie bei Unabhängigen. Echte Trekkers glaubten kaum noch an die Realisierung des Projekts, zumal Leonard Nimoy und William Shatner bei Talkshow-Auftritten angedeutet hatten, sie seien an Neuauflagen alter Kamellen nicht interessiert.

Im September 1977 sah es dann allen Unkenrufen zum Trotz so aus, als hätte die neue Serie abgehoben: Man verpflichtete Gene Roddenberry als ausführenden Produzenten und Harold Livingstone und Bob Goodwin als Produzenten. Man gab zweiundzwanzig Drehbücher in Auftrag, an denen u.a. Alan Dean Foster, Theodore Sturgeon und John Meredyth Lucas arbeiteten. Abgesehen von Leonard Nimoy, der offenbar nur in Gastrollen auftreten wollte, hatten alle Originalstars Verträge unterschrieben. Auch einige inhaltliche Neuerungen waren geplant: Die zur Stammbesatzung zählende Schwester Chapel sollte fortan neben Dr. McCoy als Ärztin auftreten. Außerdem wollte man drei neue Charaktere einführen: den Ersten Offizier Will Decker, den vulkanischen Wissenschaftsoffizier Xon und die Navigatorin Ilia.

Im November 1977 wurde die Planung abermals über den Haufen geworfen: Ungeachtet der in Auftrag gegebenen Drehbücher und Bühnenbilder gab Paramount bekannt, der Plan, einen neuen TV-Großsender aus der Taufe zu heben, sei aufgegeben worden. Da man nicht genügend unabhängige Sender gefunden hatte, um die neue Serie zu übernehmen, und auch kein Vertrag mit den Großsendern zustandekommen war, war das Projekt gestorben.

Allerdings sprach man nun wieder von einer *Enterprise*-Kinofassung. Niemand, der seine fünf Sinne beisammen hatte, glaubte noch ein Wort von dem, was die Paramount-PR-Maschine ausspuckte. Es sah nicht so aus, als würde das *Raumschiff Enterprise* je wieder starten – weder im Kino, noch im Fernsehen.

Und dann kam wieder alles ganz anders.

Science Fiction als Kassenhit:
Krieg der Sterne

Als Kinogänger der achtziger Jahre stand man stets vor einer schwierigen Entscheidung: Sehe ich mir einen Science Fiction-Film an, oder... Ja, oder was? Eigentlich hatte man kaum noch eine Wahl. Für die Freunde des utopisch-phantastischen Films waren nämlich inzwischen paradiesische Zeiten angebrochen (wenn man nicht so genau hinschaute): Utopia beherrschte die Leinwand en masse; kaum ein Film kam ohne phantastische Elemente aus. Wer sich damit nicht anfreunden konnte, hatte kaum eine Alternative, und allmählich wurden Stimmen laut, die den Verdacht äußerten, die sinkenden Besucherzahlen im Kino seien möglicherweise eine direkte Folge der Tatsache, daß man eine echte Wahl nicht mehr hatte.

Science Fiction und Fantasy waren der Hit! Im Jahr 1983 hatte das LEXIKON DES SCIENCE FICTION FILMS etwa 700 von 1902-1982 in deutscher Sprache aufgeführte SF-Filme verzeichnet – 1993 waren es 1400. In nur zehn Jahren hatte sich die Zahl der SF-Filme verdoppelt!

»Schuld« daran, daß der SF-Film plötzlich weltweit in aller Munde war, ist George Lucas[1], der 1977 einen sensationell erfolgreichen Film inszenierte: *Krieg der Sterne* - eine Sammelsurium aller SF-Klischees, die sich fleißige Schreiber seit 1926 ausgedacht haben. Lucas' Klischeeragout war der eigentliche Grund für seinen Erfolg: Es gelang ihm, auch jene Kinogänger für SF zu interessieren, die zuvor nicht gewußt hatten, wie man Science Fiction schreibt.

Seine von rasanten Trickbombardements begleitete Geschichte spielt in einer nicht näher benannten Zukunft – in einem von Menschen und Nichtmenschen bevölkerten Sternenimperium, das gerade einen Putsch erlebt hat und nun von einem sinistren Diktator

---

[1] Lucas gesteht, woher seine Ideen stammen, und siehe da, wir sind wieder beim Serial: »Ursprünglich wollte ich einen Flash Gordon-Film mit allem Drum und Dran drehen, aber ich bekam die Rechte nicht zusammen. Also recherchierte ich und fand heraus, wo Alex Raymond [der Schöpfer der Flash Gordon-Comics] seine Idee her hatte – aus den Werken von Edgar Rice Burroughs, insbesondere aus seinen Marsromanen.« - »George Lucas on Star Wars«, Science Fiction Review, Nr. 24 (February 1978)

namens Groß-Moff (im Original: Grand-*Muff)* Tarkin regiert wird. Wie in jedem diktatorisch regierten Staatsgebilde existiert auch in diesem eine Widerstandsbewegung. Lord Darth Vader, des Diktators rechte Hand, dessen schlechten Charakter man daran erkennt, daß er sich schwarz kleidet, hinter einer Maske verbirgt und wie ein Kettenraucher röchelt, läßt das Raumschiff Leia Organas überfallen. Leia ist Senatorin des Planeten Alderaan, als Prinzessin von adeligem Geblüt und dem Führungskader der Rebellen zuzurechnen (der Groß-Moff hat also ein Feudalsystem gekippt, er muß ein bürgerliches oder – noch schlimmer – kommunistisches Element sein).

Bevor Prinzessin Leia von Vaders Schergen entführt wird, kann sie dem Roboter R2D2 die Koordinaten des Todessterns einspeisen – Tarkins planetengroßer, gepanzerter Zentrale, von der alles Übel im Universum ausgeht. R2D2 und sein Blechkumpel C3PO werden nach Tatooine verschlagen, von zwergenhaften Schrottsammlern gefunden und an einen Bauern verkauft, dessen Adoptivsohn Luke sich um sie kümmern soll.

R2D2 spielt Luke Leias Botschaft vor, dann sucht das Trio den mysteriösen Jedi-Ritter Obi-Wan Kenobi auf, der mit den Aufständischen sympathisiert und Luke das Laserschwert seines leiblichen Vaters schenkt: Auch dieser war ein Jedi-Ritter, der mit seinen Psi-Kräften für die alte Regierung gearbeitet hat. Durch Kenobi erfährt Luke von der »Kraft«, die jede Technik besiegen kann und auch ihm irgendwann zugänglich sein wird.

Nachdem Regierungstruppen Lukes Eltern getötet und ihre Farm verwüstet haben, heuert der junge Held den Glücksritter Han Solo an, der das Herz auf dem rechten Fleck hat und der noch flugs einen Alien tötet, der ihn als schrägen Vogel entlarvt. Mit Solos Jet und in Begleitung des ausschließlich in Grunzlauten parlierenden Außerirdischen Chewbacca geht es zum Planeten Alderaan, den Tarkin inzwischen verlassen hat.

Beim Anflug auf den Todesstern werden unsere Helden per Magnetstrahl an Bord gezogen, doch sie entgehen der Festnahme, drehen dem Groß-Moff eine lange Nase und befreien Leia. Nachdem sie ein Krakenmonster erledigt haben, das in den Müllkavernen des Todessterns nistet, gelingt ihnen die Flucht.

Das Finale besteht aus einem Kamikazeangriff der Rebellen auf den Todesstern. Während Luke sich tapfer schlägt, machen sich Solo und Chewbacca aus dem Staub: Für Geld tun sie zwar alles, aber sterben wollen sie nicht. Dank des weichen Kerns, den Abenteurer unter ihrer harten Schale haben, kehren sie jedoch im entscheidenden Augenblick zurück und bringen dem Gegner hohe Verluste bei. Die Geschichte endet mit der totalen Vernichtung des Todessterns. Luke, Han Solo und Chewbacca werden stürmisch gefeiert und mit einem tollen Orden bedacht.

STAR WARS – *Krieg der Sterne,* einer der erfolgreichsten Filme aller Zeiten, setzte eine Merchandising-Industrie in Gang, die ihresgleichen sucht. In der Presse hagelte es Besprechungen mit Überschriften wie »Der beste Film der Welt« (TIME).

George Lucas: »Ich hatte das *Krieg der Sterne*-Projekt schon 1971 im Kopf, bevor ich anfing, *American Graffiti* zu drehen. Sobald ich damit fertig war, nahm ich das Drehbuch in Angriff – im Januar 1973, acht Stunden täglich, fünf Tage in der Woche. Im März 1976 fingen wir an zu drehen. Aber ich habe auch nach Feierabend weitergeschrieben. Ich habe vier völlig verschiedene Drehbuchfassungen erstellt. Ich war ständig auf der Suche nach richtigen Zutaten, Charakteren und Handlungselementen. . . Die jungen Leute von heute haben im Gegensatz zu uns früher einfach kein Pantasieleben mehr. Man führt ihnen nur noch Kojak und Dirty Harry vor. Es wimmelt von Kids, die gern Killer-Cops wären. Die Filme, die sie zu sehen kriegen, handeln von Katastrophen, Unsicherheit und realistischen Gewaltakten. Sie haben offenbar eine sehr langweilige Kindheit. Vielleicht sind sie etwas weltlicher eingestellt als wir früher, aber ich glaube noch immer, daß sie gern sowas wie ehrliche, saubere. . . Also, man muß ihnen die Möglichkeit bieten, sich einen Film anzuschauen und etwas in ihm zu sehen. Ich wollte den jungen Leuten ferne, exotische Welten zeigen, damit ihre Vorstellungskraft sich ungehindert entfalten kann.«[1]

Auf dem europäischen Festland wurde *Krieg der Sterne* fast ausnahmslos verrissen. Zwar fand man anerkennende Worte für die Leistung der Tricktechniker, doch was Handlung und Aussage anging, fiel Kritik einhellig negativ aus: DER SPIEGEL höhnte, im Vergleich mit Stanley Kubricks *2001: Odyssee im Weltraum* sei Lucas‹ Film »ein Ramschladen, in dem es Westernsaloons im Orient gibt, die von Mickeymäusen, maskierten Rittern und wallend gewandeten Mönchen bevölkert werden«, und ein STERN-Leser verlangte gar, der Film müsse »im Namen der – hoffentlich

---

[1] »George Lucas on Star Wars«, ebenda.

einmal friedlich werdenden – Menschheit... verbrannt werden.«
Vor allem hatten die breit ausgewalzten Raumschlachten und die
Philosophie der Jedi-Ritter es der Kritik angetan: »...daß Kinder
da hinaufschauen und vor allem anderen Begriffe wie Tod, Qual,
Krieg, Zerstörung und Untergang assoziieren, daß solch ein Welt-
allbild gebastelt wird, um ihr Weltbild zu formen, und daß Erwach-
sene dies tun, daß sie dafür ›Oscars‹ verleihen und dafür Alec Guinness und fünfzig Millionen Dollar aufwenden, ja, was ist das
eigentlich? Sehr einfach – ich denke, es ist ein Verbrechen.« (FILM
UND FERNSEHEN)
»Das nur scheinbar unschuldige Vergnügen, aus unverwundbarer
Position [an Kriegsspiel-Automaten] symbolisch Menschen und
ihre Werke zu vernichten, wird im *Krieg der Sterne* mit wirklich
allen Mitteln aufgegeilt und befriedigt. Die Handlung appelliert an
kindliche Ritterspiele: Die gefangene Prinzessin gilt es aus den
Fängen nichtswürdiger Bösewichte zu befreien. Darum ist es nur
recht und billig, wenn der jugendliche Held mit seinen Freunden
ganze Scharen gesichtsloser Gegner abknallt und nach einer Orgie
zerplatzter Flugzeuge[1] mit Atombomben einen ganzen Planeten[2]
hochgehen läßt.« (UNSERE ZEIT)
»*[Krieg der Sterne]* offenbart sich als ein Film, der den Zuschauer
in seinen Ängsten gefangenhalten will, um ihm eine affirmative
Haltung zur Macht zu erleichtern, und zwar der bestehenden, als
›gut‹ von denselben Mächten verkauften, die auch den Film über
den grünen Klee loben, die seine Verbindung von Handlungsleere
und technischer Kompetenz dem Verleih zuliebe als Märchen, das
noch weiß, was ›gut‹ und ›böse‹ ist, kennzeichnen.« (SF-BAU-
STELLE)
»*[Krieg der Sterne]* gehört zu jenen zahllosen Filmen, die das Publikum unmündig halten wollen. Star Wars ist wie eine Droge,
keine harte, aber wer weiß: Vielleicht kommen die harten noch; die,
die einem am liebsten den letzten Funken Verstand rauben möchten.« (SCIENCE FICTION TIMES)
Trotz der vernichtenden Kritik wurde der Film ein echter internationaler Renner, der sogar in der Volksrepublik China zu sehen
war. Bei der Oscar-Verleihung für das Jahr 1977 sahnte er gewaltig

---

[1] Hier irrt der Kritiker: Es sind Raumschiffe.
[2] Hier irrt er abermals: Es handelt sich auch hier um ein (zugegeben: sehr gro-
ßes) Raumschiff.

ab: Für Ausstattung, Kostüme, Musik, Schnitt, Spezialaffekte und die Stimmen der Außerirdischen und Roboter. Nominiert wurde er zudem in den Kategorien bester Film, bestes Originaldrehbuch, bester Nebendarsteller (Alec Guinness) und beste Regie.

Die Star Trek-Filme

61

Ein Goldesel dieser Art – *Krieg der Sterne* spielte bei Herstellungs-kosten von 10 Millionen bis August 1980 rund 400 Millionen Dollar ein – konnte keinen Studiochef schlafen lassen, der Wert darauf legte, in seinem Sessel zu verbleiben. Über Nacht stand das verachtete SF-Genre, das man bis dahin nur mit winzigen Budgets im Schnellverfahren von debilen Autoren schreiben, von B-Regisseuren inszenieren und von abgehalfterten Stars hatte spielen lassen, im Brennpunkt des Interesses.

Und gemäß der alten Hollywood-Maxime »Was ankommt, ziehen wir durch, bis es kaputt ist«, entstand nach Lucas' Welterfolg eine nicht aufzuhaltende Flut von SF-Filmen, die auf den Ideen ihrer finanziell erfolgreichen Vorläufer basierend, dutzendfach billig zusammengeschustert wurden, um das Publikum bis in die achtziger Jahre hinein mit Weltraum-Remmidemmi der untersten Schublade zu versorgen. »Handlung« war nicht gefragt, denn für die Macher war die SF ohnehin nur eine Sache, in der ulkig maskierte Typen unverständliche Sätze brabbelten. Mehr Wert legte man da schon auf das Geschick der Tricktechniker, die damit zu wahren Stars des SF-Films aufstiegen.

Obwohl die Paramount-Bosse sich bisher standhaft verzettelt hatten, in eine Filmzukunft á la *Enterprise* zu investieren, mußten sie nun einsehen, daß ihre Annahme, SF könne kein allgemeines Publikum interessieren, einen feuchten Kehricht wert war. Nachdem George Lucas mit seiner Simpelgeschichte die große Kohle gescheffelt hatte und nach ihm nun andere – Steven Spielberg mit *Unheimliche Begegnung der dritten Art* (1977) und George Miller mit *Mad Max* (Australien 1978) – erfolgreich auf das gleiche Pferd setzten, gab man sich endlich geschlagen.

Nun sollte auch die *Enterprise* im Kino starten. Doch mit welcher Geschichte? Die Beschaffung eines *Enterprise*-typischen Drehbuchs wurde zum größten Problem, da man nach den Erfolgen der Konkurrenz schon mit etwas GROSSEM kommen mußte, um nicht auf die Nase zu fallen.

Der unermüdliche Gene Roddenberry setzte sich hin und schrieb ein Drehbuch namens »The God Thing«, dessen Pointe im Nachhinein eine gewisse Ähnlichkeit mit der von William Shatner entwickelten Story für *Am Rande des Universums* aufweist: »Ich brachte ihnen das Drehbuch, aber sie lehnten es ab«, erzählte Roddenberry. »Es war ihnen zu kontrovers, weil es die Frage ›Wer ist Gott?‹ aufwarf. In meinem Drehbuch begegnet die *Enterprise* Gott im Weltraum, und es deutet an, daß er eine Lebensform ist, die die Menschen am Anbeginn ihrer Geschichte nur für Gott *gehalten* haben.« Roddenberrys Drehbuch deutet auch an, diese Lebensform könne auch der Teufel gewesen sein. »Welcher Gott würde die Menschen aus dem Paradies vertreiben, weil sie von der Frucht der Erkenntnis essen? Ein an Bord befindlicher Vulkanier schließt äußerst logisch: ›Wenn das euer Gott ist, ist er nicht sehr beeindruckend. Er hat zu viele psychische Probleme. Er ist zu unsicher. Er verlangt, daß man ihn alle sieben Tage anbetet. Zuerst erschafft er fehlerhafte Menschen, dann macht er sie für seine eigenen Fehler verantwortlich. Er ist eine ziemlich jämmerliche Entschuldigung für ein höchstes Wesen.«

Doch Paramount war die Idee NICHT GROSS GENUG. Weitere Versuche, eine *Enterprise*-Story zu schreiben, wurden von den Roddenberry-Mitarbeitern Jon Povill (eine Wolke aus dem Kosmos überfällt den Planeten Vulkan und treibt seine Bewohner in den Irrsinn) und John D.F. Black (ein Schwarzes Loch verschluckt schrittweise die Galaxis, und das Ende des Universums droht) unternommen, doch beides war NICHT GROSS GENUG. Der bekannte SF-Autor Robert Silverberg lieferte eine Geschichte ab, in der die *Enterprise* die Ruinen einer ausgestorbenen Zivilisation entdeckt und mit einer anderen Rasse über die technische Hinterlassenschaft dieser Intelligenzen in einen Konflikt gerät. Auch dies: NICHT GROSS GENUG. Dann bat man Harlan Ellison um eine Idee, der schon für die TV-Abenteuer der *Enterprise* geschrieben hatte. Für Ellison, den mit vielen Preisen ausgezeichneten Autor von über tausend Kurzgeschichten, Artikeln und Drehbüchern, war das Fernsehen zwar ein rotes Tuch, weil es seine Texte ständig umschrieb, doch er dachte sich etwas aus und traf sich mit Gene Roddenberry und Mark Trabulus, einem der Männer, die bei der Paramount das Sagen hatten:

»Ich erzählte ihnen die Geschichte: Es ging unter anderem um eine Reise ans Ende des bekannten Universums und um eine Zeitreise ins Pleistozän, die Frühzeit des Menschen. Der Hintergrund war, daß sich auf der Erde die Reptilien durchgesetzt hätten, wären die Säuger ihnen nicht zuvorgekommen. Ich postulierte eine fremde Intelligenz aus einer fernen Galaxis, in der die Schlangen *tatsächlich* zur vorherrschenden Lebensform geworden waren, und ein Schlangenwesen, das in die Vergangenheit der Erde gereist war, um den Zeitstrom zu manipulieren, damit die Reptilien die Men-

schen schlagen konnten. Die *Enterprise* reist in die Vergangenheit, um den Zeitablauf zu korrigieren. Sie trifft das Schlangenwesen, und die Crew sieht sich der moralischen Frage gegenüber, ob sie das Recht hat, eine ganze Lebensform auszulöschen, um in unserer Gegenwart und Zukunft die territorialen Besitzansprüche der Menschheit geltend zu machen. Die Geschichte umfaßte, kurz gesagt, den gesamten Raum und die gesamte Zeit und beinhaltete ein moralisches und ethisches Problem. – Trabulus blieb für ein paar Minuten schweigend sitzen und hörte sich alles an. Dann sagte er: ›Wissen Sie, ich habe da ein Buch von einem Typen namens Von Däniken gelesen. Er beweist, daß der Kalender der Mayas mit dem unseren identisch ist. Also müssen Außerirdische ihn eingeführt haben. Können Sie 'n paar Mayas mit einbauen?‹
Ich schaute Gene an. Gene schaute mich an; er sagte nichts. Ich schaute Trabulus an und sagte: ›In der Frühzeit des Menschen hat es die Mayas noch nicht gegeben.‹ Da sagte er: ›Tja, aber wer weiß das schon?‹ Und ich sagte: ›*Ich* weiß es. Ihr Vorschlag ist dämlich.‹ Da wurde Trabulus sauer und sagte, die Mayas gefielen ihm aber sehr gut, und warum ich sie nicht mitspielen lassen wollte, wenn ich darauf aus wäre, das Drehbuch zu schreiben. Da habe *ich* gesagt: ›Ich bin Schriftsteller, verdammte Scheiße, aber was *Sie* sind, weiß ich nicht!‹ Dann bin ich hinausgegangen. Und das war dann das Ende meiner Verbindung mit dem *Star Trek*-Film.«[1]

Trotz allen Drehbuch-Hickhacks war es 28. März 1978 soweit: Sämtliche Stars der Fernsehserie, auch Leonard Nimoy, waren für einen Kinofilm engagiert worden. Paramount wollte ein Budget von 15 Millionen Dollar ausspucken – mehr, als die 79 *Enterprise*-Folgen zusammen gekostet hatten. Als Regisseur wurde der alte Routinier Robert Wise engagiert, der zwar seit 1965 nichts mehr auf die Leinwand gebracht hatte, was die Welt in Entzücken versetzt hätte, doch mit *West Side Story* (1961) und *Meine Lieder, meine Träume* (1965) zwei Oscars abgestaubt, in SF-Genre mit *Der Tag, an dem die Erde stillstand* (1951) und *Andromeda* (1971) hervorgetreten war und mit *Der Leichendieb* (1945) einen stimmungsvollen Horrorklassiker abgeliefert hatte.
Roddenberry und Harold Livingstone sollten nach einer Story von

---

[1] zit. nach Stephen King: DANSE MACABRE, New York: Berkley Books 1982

Alan Dean Foster ein Drehbuch schreiben, das von der WIRKLICH GROSSEN Prämisse ausging, daß die Erde von einer fremden Macht aus dem All bedroht wird. Daß ausgerechnet die älteste und totgerittenste SF-Klamotte aller Zeiten bei den Paramount-Verantwortlichen ankam, wirft ein bezeichnendes Licht auf die Vermutung, daß Intelligenz und Kreativität auf dem Weg in die Chefetage nur hinderlich sind.

Der Film sollte im Sommer 1979 uraufgeführt werden, sechs Monate vor dem geplanten Starttermin des George Lucas-Films *Das Imperium schlägt zurück,* denn bei Paramount litt man an der irrsinnigen Vorstellung, Lucas könne der *Enterprise* die Zuschauer »stehlen« – etwa so, wie ein Krimi-Produzent sich fürchtet, einen Krimi zu drehen, wenn die Konkurrenz auch gerade einen dreht.

Doch die Furcht der Mächtigen war – Gott sei dank – unbegründet: *Star Trek – Der Film* wurde am 6. Dezember 1979 uraufgeführt. *Das Imperium schlägt zurück* kam erst am 11. Dezember 1980 ins Kino.

Star Trek – Der Film

(STAR TREK – THE MOTION PICTURE)
USA 1979

»Der erste Star Trek-Film war für mich eher eine gigantische Vorführung der Tricks und Dekorationen, neben denen die Figuren kaum zur Geltung kamen. Als Schauspieler fühlte ich mich in diesem Film frustriert. Wir haben in der Folge immer mehr versucht, die Figuren wieder in den Vordergrund zu stellen.«

LEONARD NIMOY[1]

Produktion Paramount Pictures (Gene Roddenberry). *Ausführender Produzent* Lindsley Parsons. *Regie* Robert Wise. *Drehbuch* Harold Livingstone. *Story* Alan Dean Foster. *Kamera* Richard H. Kline, Richard Yuricich. *Spezialeffekte* Douglas Trumbull, John Dykstra, Dave Stewart, Richard Yuricich, Don Baker, Richard Taylor, Robert Abel. *Schnitt* Todd Ramsay. *Produktionsdesign* Harold Michelson. *Musik* Jerry Goldsmith, Alexander Courage. *Darsteller* William Shatner (Admiral James T. Kirk), Leonard Nimoy (Mr. Spock), DeForest Kelley (Dr. Leonard McCoy), James Doohan (Montgomery Scott), George Takei (Mr. Sulu), Majel Barrett (Dr. Chapel), Walter Koenig (Pavel Chekov), Nichelle Nicholls (Uhura), Persis Khambatta (Ilia), Stephen Collins (Capt. Will Dekker), Mark Lenard (Klingonen-Captain), Billy Van Zandt (Alien-Junge), Grace Lee Whitney (Janice Rand), Roger Aaron Brown (Techniker), Gary Faga (Schleusentechniker), David Gautreaux (Commander Branch), John D. Gowans (Assistent), Howard Itzkowitz (Fähnrich), Jon Rashad Kamal (Lt. Commander), Marcy Lafferty (DiFalco), Michele Ameen Billy (Lt.), Terence O'Connor (Ross). *Laufzeit* 132 Min.
Buch: Gene Roddenberry, STAR TREK – DER FILM, München: Moewig 1980; München: Heyne 1992 (bearbeitete Fassung)
Video: CIC

Inhalt: Eine ebenso mysteriöse wie gewaltige Energiewolke nähert sich aus den Tiefen des Weltraums der Erde und vernichtet mit

---

[1] Wolfgang J. Fuchs: »Interview mit Leonard Nimoy«, Retro, Nr. 26 (Dezember 1984-1985)

Plasmaenergie drei Klingonenraumer und eine irdische Raumstation.

Da der Kurs der Wolke genau auf die Erde zielt, eilt das frisch überholte Raumschiff *Enterprise* ihr unter dem Kommando von Admiral James T. Kirk von einem Raumdock aus entgegen. Der Auftrag der Mannschaft: die Gefahr zu analysieren und alle maßgeblichen Schritte einzuleiten, die die bedrohte Erde retten können.

Will Decker, der neue Captain der *Enterprise,* (Sohn des in der TV-Episode »Planeten-Killer« umgekommenen Commodore Decker), ist zwar wenig begeistert, als man ihm seinen hochrangigen Vorgänger vor die Nase setzt und er zeitweilig die Rolle des Wissenschaftsoffiziers spielen muß, doch er fügt sich, da der vulkanische Offizier, der für letzteren Posten vorgesehen war, beim An-Bord-Beamen aufgrund einer technischen Komplikationen in etwas ver-

Nicht schlecht überrascht sind diese beiden Herren, als sie erkennen, daß ihre Superwaffen der mysteriösen Wolke aus dem Weltraum nichts anhaben können . . .

wandelt wird, das nur wenig Ähnlichkeit mit einem Lebewesen hat. Zur Überraschung aller kommen auch der längst retirierte Dr. McCoy (er ist »eingezogen« worden) und Mr. Spock an Bord, dessen logisch arbeitender Verstand unglaublicherweise die Wörter *fühlen* und *spüren* verwechselt: »Auf Vulkan entdeckte ich ein Bewußtsein, das aus einer so mächtigen Quelle kommt, wie ich sie noch nie *gefühlt* habe. Gedankenraster von absolut präziser, vollkommener Struktur. Ich glaube, sie werden von dem Eindringling ausgesandt.«

Ein weiterer Neuzugang, die kahlköpfige Deltanerin Ilia (»Meinen Zölibatseid finden Sie in den Akten, Captain!«), die auf der *Enterprise* als Navigatorin Dienst tun soll, ist ebenso unverständlicherweise in den völlig farblosen Captain Decker verliebt. Nachdem man in die Nähe der mysteriösen Wolke gelang ist, wird Ilia nach einem merkwürdigen energetischen Phänomen, das an Bord Verwirrung und Schrecken erzeugt, von einer Lichtsäule in ihre Atome zerlegt. Später taucht sie als äußerlich menschliche, innerlich jedoch robotische »Sonde« wieder auf. Ihr Auftrag: die an Bord der *Enterprise* hausenden »Kohlenstoff-Einheiten« (= Menschen) zu studieren - im Auftrag eines mysteriösen V'ger, hinter dem man recht schnell eine fremde Intelligenz vermutet. Obwohl die Ilia-Sonde in Captain Decker gleich etwas erkennt, das ihr sympathisch ist, reagiert sie auf die anderen Menschen an Bord mit roboterhafter Kälte und gibt bekannt, daß der geheimnisvolle V'ger seinen »Schöpfer« sucht. V'ger befindet sich im Inneren der Wolke – in einer Art Superraumschiff. Spock stattet diesem Schiff einen Besuch ab und begegnet unerklärlichen Bildspeicherungen von Sonnensystemen, Raumschiffen und Raumstationen. Die Schlüsse, die er zieht:

Spock: Eine völlig eigene Lebensform. Eine intelligente, lebende Einheit.

Kirk: Und es hält die *Enterprise* auch für eine lebende Maschine. . .

Spock: Ich sah V'gers Planeten. Ein Planet, bevölkert mit lebenden Maschinen. Eine unglaubliche Technologie. V'gers Wissen umfaßt das ganze Universum. Und trotzdem. . . Trotz dieser ungeheuren Logik, ist V'ger braches Land. . . Einfache Gefühle. . . kann V'ger überhaupt nicht erfassen. Sämtliche Versuche V'gers, mit seinem mysteriösen, offenbar auf der Erde lebenden Schöpfer in Verbindung zu treten, erweisen sich als Fehlschlag.

Captain Kirk erläutert der Mannschaft der *Enterprise*, worauf sie sich bei diesem Unternehmen einläßt.

UHURA: V'ger sendet ein Signal aus. . .
ILIA: V'ger benachrichtigt den Schöpfer.
SPOCK: Ein einfacher binärer Kode. Ein wellenförmiges Trägermedium überträgt ihn. *Radio.*
KIRK: Radio?![1]
Die Wolke (mittendrin die von einem Traktorstrahl festgehaltene *Enterprise*) nähert sich der Erde.
V'ger sieht in den »Kohlenstoff-Einheiten«, die den Planeten bewohnen, Störfaktoren, die ihn hindern, mit seinem Schöpfer in Kontakt zu treten. Als intelligente Maschine zählen Menschen für ihn nicht als Lebewesen; um die Erde vom »Ungeziefer« zu reinigen, will er sie vernichten.

---

[1] I know it's hard to believe, Captain, but 'em Krauts call it »Funkgerät«.

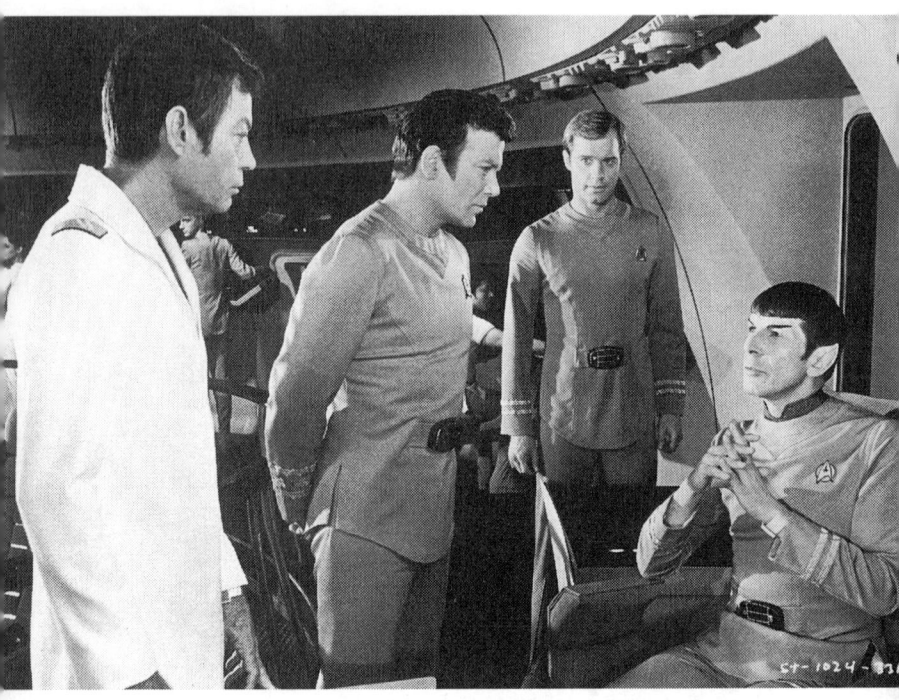

Manöverkritik: Dr. Leonard McCoy (DeForest Kelley), Admiral James T. Kirk (William Shatner), Captain Will Decker (Stephen Collins) und Mr. Spock (Leonard Nimoy).

SPOCK: V'ger ist ein Kind, und so sollten Sie auch mit ihm umgehen.
KIRK: Ein Kind?
SPOCK: Ja, Captain, ein Kind. Es entwickelt sich. Es sucht. Es lernt. Instinktiv, auf der Suche.
DECKER: Auf der Suche wonach?
MCCOY: Spock, dieses Kind steht kurz davor, jedes Lebewesen auf der Erde zu vernichten. Also, was sollen wir jetzt tun? - 'ne Tracht Prügel?

Kirk zwingt die nur logischen Argumenten zugängliche Ilia-Sonde, ihn und seine Freunde ins Zentrum der Wolke zu bringen, um V'ger zu erklären, warum der Schöpfer seine Rufe nicht beantwortet. Es stellt sich heraus, daß V'ger von der Erde stammt: Er ist die »dreihundert Jahre« (200 wäre richtiger gewesen) zuvor von der NASA ins All geschossene Weltraumsonde Voyager 6. Ihr Ziel: Dem Schöpfer alles gesammelte Wissen zu übermitteln (wozu uralter NASA-Funkkode nötig ist, den die Computer der *Enterprise* schnell ermitteln) und sich mit ihm zu vereinen. Kirk und seine Mannen diskutieren, wobei sie gelegentlich auch Schwachsinn reden:

DECKER: Captain, die Sonde Voyager 6 verschwand in einem sogenannten Schwarzen Loch.
KIRK: An einem entfernten Punkt der Galaxis muß sie rausgekommen sein und geriet dann in *ein* Gravitationsfeld eines Maschinenplaneten.

Eine unbekannte Kraft steuert die deltanische Navigatorin Ilia (Persis Khambatta). James Kirk (William Shatner) läßt nichts unversucht, um die Ziele des unbekannten Gegners herauszufinden.

SPOCK: Die Maschinen*bewohner* stellten fest, daß sie eine von ihnen war. Primitiv, aber verwandt. Sie fanden die einfache Programmierung aus dem 20. Jahrhundert: Sammle alle erreichbaren Daten...

DECKER: Lerne alles Erlernbare und sende die Informationen an den, der dich geschaffen hat.

SPOCK: Genau, Mr. Decker. Die Maschinen haben das wörtlich genommen. Sie haben dieses ganze Schiff gebaut, damit Voyager seinen Auftrag erfüllen kann.

KIRK: Und auf seiner Reise zurück hat er unglaubliches Wissen gesammelt. Er gelangte zu einem eigenen Bewußtsein.

Bevor V'ger den alten NASA-Kode akzeptiert, sabotiert er sich und beharrt auf einer vorherigen Vereinigung mit dem Schöpfer: einem Menschen? Captain Decker, der in der Ilia-Sonde nur seine Liebe sieht, steht vor der Frage, ob er V'gers Forderung erfüllen kann, indem er sich mit ihr »vereinigt«. Ohne zu wissen, was aus der Verbindung zwischen Mensch und Maschine wird, lösen er und die Ilia-Sonde sich in einem Energiesturm auf, und V'ger übermittelt der Erde sein Wissen.

Die 80. Episode der als Film daherkommenden TV-Serie präsentiert uns einen Kirk, der am Anfang der Geschichte so kalt und militärisch auftritt, daß es einem graust: Nach zwei am Schreibtisch verbrachten Jahren, die ihm offenbar nicht gut bekommen sind, taut er erst auf, nachdem er seine Freunde trifft. Die Chance, erneut mit seinem alten Schiff ins All zu starten, scheint ihm das Wichtigste zu sein, doch der Konflikt mit Decker, der sich in mehreren Situationen als wissensmäßig überlegen erweist, holt ihn auf den Boden der Tatsachen zurück. Kirk erkennt in aller Deutlichkeit, daß seine besten Tage vorbei sind: Er gehört zwar noch nicht zum alten Eisen, aber er ist auch nicht mehr der junge Haudegen, der er einst war. McCoy (anfangs bärtig), der sich geschworen hat, nie wieder in den Weltraum zu gehen, ist auf Kirks Wunsch hin kurzerhand mittels eines Sondergesetzes eingezogen worden, was ihm ebenso wenig behagt wie die Erkenntnis, daß seine Ex-Assistentin Chapel (deren Auftritte im übrigen zu 99% im Abfalleimer des Schneideraums landeten) inzwischen Ärztin ist. Der Vulkanier Spock hat die größte Veränderung hinter sich; sein Motiv, an der Expedition teilzunehmen, hat rein intellektuelle Gründe: Obwohl er gerade im Be-

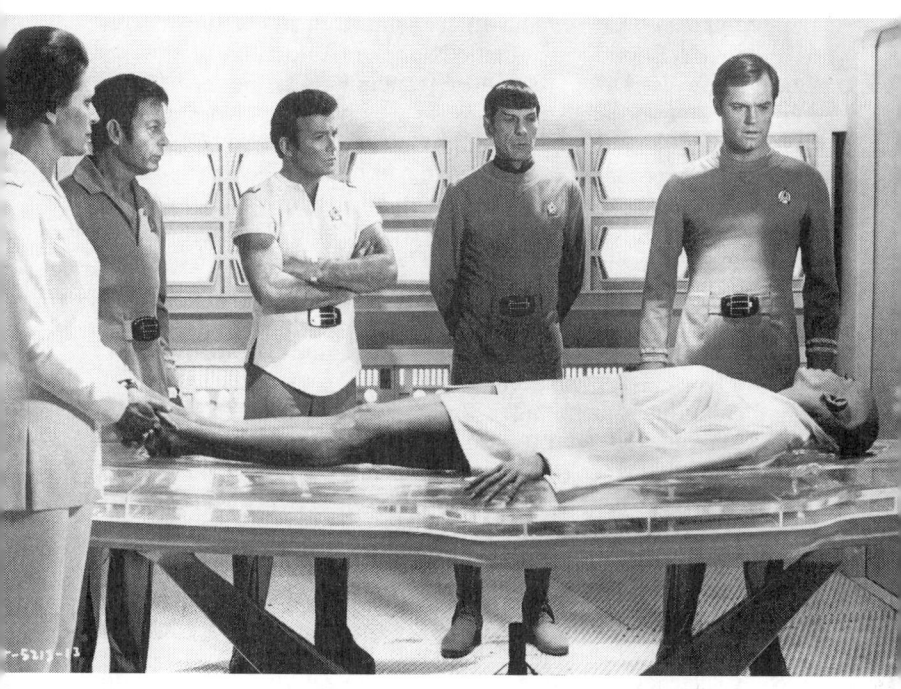

Ein menschlicher Computer wird analysiert: Dr. Chapel (Majel Barrett), Dr. McCoy (DeForest Kelley), Admiral Kirk (William Shatner), Mr. Spock (Leonard Nimoy), Captain Decker (Stephen Collins) und Ilia (Persis Khambatta).

griff war, sich des letzten Rests seiner »Menschlichkeit« zu entledigen, kreuzt er freiwillig auf, als er die Präsenz eines »verwandten« Geistes spürt: Die Gedankenwelt einer mit eiskalter Logik funktionierenden Intelligenz muß ihn einfach faszinieren (daß die übrigen Vulkanier V'gers Präsenz nicht spüren, läßt freilich Zweifel an ihren überragenden geistigen Fähigkeiten aufkommen). Captain Decker und Ilia sind kaum mehr als zweidimensionale Pappcharaktere. Aus den Tiefen des Weltalls zurückkehrende NASA-Sonden üben offenbar starke Anziehungskraft auf Produzenten aus, die in der Angst leben, der nächste Flop könne sie Kopf und Kragen kosten: Ob sie bei der Absegnung des Drehbuches davon ausgegangen sind, daß sich Altbewährtes immer gut verkauft, ist zwar nicht verbürgt, doch dürfte auch dem gutwilligsten Trekker auffallen, daß *Star Trek – Der Film* inhaltliche Parallelen zu der 1967 ausgestrahlten TV-Episode »Ich heiße Nomad« (Autor: John Meredyth Lucas) aufweist. Doch gibt es noch weitere Fragen, die der Antwort harren: Man fragt sich beispielsweise, welchem Zweck die gut dreißig Minuten lange Einführung der Charaktere und der *Enterprise* dient – so lange dauert es nämlich, bevor man endlich zu den Sternen fliegen darf. Oder wie die rätselhafte Bemerkung Ilias über ihren »Zölibatseid« zu deuten ist. Letztere Frage klärt ein Blick ins Buch zum Film: Die glatzköpfige Dame gehört nämlich einem Volk an, dessen weibliche Vertreter recht nymphoman veranlagt sind – ein Gag, den zu erläutern man sich wohl nicht traut. Die fünfzehn Minuten längere TV-Fassung erklärt ihn und anderes, was man im Kino vergeblich sucht.

Es gibt allerdings auch Fragen, die weder das Buch zum Film noch die TV-Fassung erklären: Wieso die Ilia-Sonde (eine Maschine!) es für nötig hält, in einen Bademantel zu schlüpfen, als sie pudelnackt auf der *Enterprise* erscheint; warum V'ger die Schiffe der Klingonen angreift, wenn er Schiffe gemeinhin für Intelligenzen hält, und wieso Spock völlig im Widerspruch zur vulkanischen Logik, die für Spekulationen nur Hohn übrig hat, ein »Objekt« im Inneren der Wolke vermutet, obwohl keine Daten seinen Schluß untermauern.

Sauschlecht, um das Mindeste zu sagen, ist die deutsche Synchronfassung. Nachdem sie sich entblödet, dem Zuschauer, sobald die Klingonen miteinander reden, amerikanische Untertitel vorzusetzen, greift sie zu anglizistischen Wortungetümen wie »Manöverdüsen« (statt Steuerdüsen) und »Alarmstufe Rot« (statt Alarmstufe Eins) und geht offenbar davon aus, Schwafeleien wie »Kontrolldüsen auf Station halten« könnten eine klare Anweisung wie »Kontrolldüsen bereithalten« *noch* klarer machen. Daß die Synchronisation auf die Frage »Erlaubnis, an Bord zu kommen?« zweimal mit »Gestattet, Sir!« (statt »Erlaubnis erteilt, Sir!«) antwortet, beweist nur, daß der für Peinlichkeiten dieser Art Verantwortliche nicht weiß, was militärischer Jargon ist. Nach solchen Sprachgranaten muß man sich fragen, ob andere Sätze von geradezu ungeheurer Präzision (»Die Wolke ist *mit Sicherheit* ein *bestimmtes* Kraftfeld aus *irgendeinem* Stoff. . .«) dem Drehbuchautor angelastet werden müssen. Verwechslungen von englischen und deutschen Ge-

---

1 Ed Naha: »William Shatner, Schizoid Superstar«, Starlog, Nr. 72 (July 1983).

schlechtswörtern (»Es [die Wolke] mißt. . . Mein Gott. . . über 82 astronomische Einheiten im Durchmesser. . .«) erzeugen Ohrenschmerzen, und daß Durchmesser etwas durchmessen, wollen wir als selbstverständlich annehmen. Daß Spock auf die Frage nach der strukturellen Zusammensetzung der Wolke mit dem Satz »Ein Energiefeld zwölfter Potenz!« reagiert, ist bloßes Gewäsch.

»Wir hatten keine Ahnung«, so William Shatner (der freilich noch nicht wußte, wie deutsche Fassung ausfiel), »daß der erste Film eine Katastrophe werden würde. Wir haben nie bemerkt, daß er schon beim Drehen auseinanderfiel. Als wir anfingen, hatte das Drehbuch zwar noch kein Ende, aber wir konnten ja Monate an der Lösung herumspielen. Bei all den uns umgebenden hochbezahlten Talenten waren wir sicher, irgend jemand würde mit einem echten Hammer-Ende auftauchen und etwas zustandebringen, das Sinn ergab. – Aber wir kriegten es nie auf die Reihe.«[1]

Star Trek – Der Film kostete 43 Millionen Dollar, spielte bis 1992 die Summe von 175 Millionen Dollar ein und erhielt Oscar-Nominierungen für die beste Ausstattung, die beste Originalmusik und die besten Spezialeffekte.

Haben Chefingenieur Scott (James Doohan) und Mr. Spock (Leonard Nimoy) etwa eine Spur aufgenommen?

Pressestimmen

»*Star Trek* hat seine Schwächen. Da die Crew der *Enterprise* wohl oder übel aus der Fernsehserie übernommen werden mußte, ist [man] bei den altbewährten Pappkameraden geblieben. Hölzern und steif wie eh und je geht es auf der Kommandobrücke der *Enterprise* zu. Die Darsteller sind allesamt in ihren Klischees erstarrt und längst selber zum Mobiliar des Raumschiffes geworden. Hier hat man es versäumt, neue Ideen in den Film einzubringen. Um die zahllosen Trekkies nicht zu vergraulen, schreckte man wohl vor Neuerungen zurück.« (Herbert J. Pabst, VAMPIR)

»Oberflächlich bleibt vor allem der pseudo-philosophische Aufbau, das Gerede von der ›Suche nach dem Schöpfer‹, das am Ende damit gelöst wird, daß der Mensch als Schöpfer der Maschine sich mit dieser vereinigt. Die im Grunde banale Liebesgeschichte wird aufgeplustert, indem die Frau zu einem Teil des Maschinenwesens wird und die ›Vereinigung‹ zu einem weihevollen Akt, in dem sich die beiden in gleißendem Licht gegenüberstehen, während um sie herum die Funken stieben.« (P.H., FILMDIENST)

»Dem Regisseur Robert Wise, dessen Filme selten Spitzenqualität aufweisen, aber auch nie ein bestimmtes Niveau unterschreiten, gelang auch hier ein technisch sauber und ordentlich gemachter Film. . . Leider schleichen sich allzu bald allzu viele Längen ein, der Drehbuchautor bekommt seine Geschichte. . . nie richtig in den Griff, und die Besatzung mag vielleicht für eine lauwarme Fernsehserie taugen, in diesem aufwendigen Unternehmen ist sie hoffnungslos überfordert.« (Heribert Hopf, FILMBEOBACHTER)

»Hunderte von wunderbaren Effekten und ein kosmischer Mystery-Plot erweisen sich als von der einfachen dummen Tatsache abhängig, daß die Bewohner einer hochentwickelten Maschinenkultur am anderen Ende eines Schwarzen Loches nicht in der Lage sind, den Namenszug einer irdischen Sonde von Schmutz zu befreien. William Shatner braucht dazu nur ein paar Sekunden, dann ist die Sache erledigt. *Star Trek – Der Film* ist der neuerliche Fall eines SF-Films der visuellen Pracht und der dramatischen Verkümmerung. Zwar sieht man viele kosmische Zeichen, aber wenig von Bedeutung. In den visuellen Termini, die dem Film zueigen sind, ist Captain Kirks neuerliches Zusammentreffen mit der *Enterprise*

viel wichtiger als die Einführung einer neuen Lebensform. Die An-
fangssequenz ist ein Phänomen aus Musik, Tricks und einer beweg-
lichen Kamera; die Letzte hängt ganz vom seelenvollen Blickaus-
tausch zwischen Liebenden ab. . . Als Spektakel ist [der Film] eine
Augenweide, als philosophische Hirnnahrung liegt er auf dem Niveau von Marsriegeln.« (Donald C. Willis)

»Insgesamt gesehen. . . ist *Star Trek – Der Film* eine klare Enttäu-
schung. Er ist eigentlich nur eine mit üppigen Spezialeffekten auf-
geblasene TV-Episode, die eine Laufzeit von 130 Minuten erreichen mußte. Zwar enthält er einige Augenblicke, doch als Ganzes
ist er langsam, langweilig, hin und wieder sogar schwülstig und endet mit einer Bemerkung, die andeutet, daß noch etwas kommt. Ob
dies in Form eines neuen Films oder einer Fernsehserie geschieht,
muß zwar erst entschieden werden, doch was dabei auch heraus-
kommt – ich bin zuversichtlich, Paramount wird gestatten, daß man
dann mehr Wert auf Menschen als auf Spezialeffekte legt.« (John
Brosnan, STARBURST)

»Es ist ja nicht so, als wenn *Star Trek – Der Film* ein schlechter
Film wäre; das ist er nicht. Er ist aber auch eindeutig kein guter
Film. Die traurige Wahrheit ist ganz einfach: er ist ein dummer
Film, ein oft langweiliger Film, ein verdummend berechenbarer
Film, ein tragischerweise *durchschnittlicher* Film. . . [Er] ist nur
eine ausgewalzte zweistündige Fernsehfolge, [die nichts von den]
menschlichen Emotionen, Verstrickungen und der Identifikation
mit den Problemen interessanter Menschen [enthält], nach denen
das Publikum immer mehr hungert.« (Harlan Ellison, STARLOG)

Star Trek II
Der Zorn des Khan

(STAR TREK II – THE WRATH OF KHAN)
USA 1982

SPOCK: Das Kommando über ein Raumschiff ist Ihre eigentliche Bestimmung. Alles andere ist eine Verschwendung von Material.
KIRK: Ich wage nicht, Ihnen zu widersprechen.
SPOCK: Das ist vernünftig. Wie dem auch sei. . . Wenn ich die Logik heranziehe, diktiert sie eindeutig, daß die Bedürfnisse Vieler über denen von Wenigen stehen.
KIRK: Oder eines Einzigen.

Produktion Paramount Pictures (Robert Sallinn). *Ausführender Produzent* Harve Bennett. *Regie* Nicholas Meyer. *Drehbuch* Jack B. Sowards. *Story* Harve Bennett, Jack B. Sowards. *Kamera* Gayne Rescher. *Spezialeffekte* Bob Dawson, Edward A. Ayer, Martin Becker, Gary F. Bentley, Fred Bauer, Peter G. Evangelatos, William Purcell, Harvey Stewart, Industrial Lights and Magic. *Schnitt* William P. Dornisch. *Produktionsdesign* Joseph R. Jennings. *Musik* James Horner, Alexander Courage. *Darsteller* William Shatner (Admiral James T. Kirk), Leonard Nimoy (Mr. Spock), DeForest Kelley (Dr. Leonard McCoy), Ricardo Montalban (Khan), James Doohan (Montgomery Scott), George Takei (Sulu), Bibi Besch (Dr. Carol Markus), Merritt Butrick (David), Paul Winfield (Terrell), Ike Eisenmann (Peter Preston), Kirstie Alley (Saavik), Walter Koenig (Pavel Chekov), Nichelle Nichols (Uhura), Judson Scott (Joaquin), John Vargas (Jedda), John Winston (Kyle), Paul Kent (Beach), Nicholas Guest (Kadett), Russell Takaki (Madison), Kevin Sullivan (March), Joel Marston (Crew Chief). *Laufzeit* 113 Min.
Buch: Vonda N. McIntyre, STAR TREK II – DER ZORN DES KHAN, München: Heyne 1982
Video: CIC

Inhalt: Am 16. Februar 1967 strahlte NBC in der Serie *Raumschiff Enterprise* die Episode »Space Seed«[1] aus. Die Autoren waren Carey Wilbur und Gene L. Coon, Regie führte Marc Daniels.

---

[1] dt. »Der schlafende Tiger«

Sein Zorn kennt keine Grenzen: Khan Noonian Singh (Ricardo Montalban) nach seinem fünfzehnjährigen Exil.

Auf dem Exilplaneten freut sich Khan Noonian Singh (Ricardo Montalban, links) über das »Wiedersehen« mit Pavel Chekov (Walter Koenig), dem Ex-Navigator der *Enterprise*, und Captain Terrell (Paul Winfield) von der *U.S.S. Reliant*.

In dieser Folge entdeckt die *Enterprise* das im Raum treibende Schiff *Botany Bay,* dessen Besatzung – genetisch veränderte Übermenschen – seit über zwei Jahrhunderten im Tiefschlaf liegt. Ihr Anführer, der indische Prinz Khan Noonian Singh, der über ein Viertel der Erde geherrscht hat, bevor Aufständische ihn verjagt haben, nutzt die Naivität und Verliebtheit einer Historikerin aus und übernimmt die *Enterprise*. Die Herrenmenschenart, mit der er mit der Mannschaft verfährt, schreckt die Dame ab, und so wechselt sie erneut die Seite. Khan und seine achtzigköpfige Clique werden auf einem unbewohnten Planeten ausgesetzt. Spock bekundet sein Interesse, die unfreiwilligen Kolonisten in hundert Jahren zu besuchen, um zu sehen, was aus ihnen geworden ist. Kirk: »So alt werden wir leider nicht.«
Der Zorn des Khan spielt fünfzehn Jahre später und ist eine direkte

Fortsetzung: Khan und seine Leute haben sich auf dem inzwischen durch eine Naturkatastrophe im wahrsten Sinn des Wortes verwüsteten Exilplaneten Ceti Alpha V eingerichtet und träumen von Rache. Die Gelegenheit, ihre unfruchtbare und von heftigen Sandstürmen heimgesuchte Welt zu verlassen, bietet sich, als zwei Mann des Forschungsraumers *Reliant* bei ihnen landen, um zu erkunden, ob der Planet Leben trägt. Dies ist nötig, da eine Wissenschaftlergruppe (darunter Dr. Carol Marcus, eine alte Flamme Kirks, und beider Sohn) mittels der sogenannten Genesis-Maschine aus den öden Welten blühende Gärten machen will. Doch dürfen diese Welten kein Leben tragen, da dieses sonst vernichtet wird.
Captain Terrell und Pavel Chekov, ein alter Kampfgefährte Captain Kirks, untersuchen Ceti Alpha V und fallen dem rachedurstigen Khan in die Hände, der Kirk alles erdenklich Schlechte wünscht:

Aufbruch der *Enterprise*: An Bord sind u. a. Lieutenant Saavik (Kirstie Alley), Mr. Spock (Leonard Nimoy), Steuermann Sulu (George Takei) und Admiral Kirk (William Shatner).

»Ich werde ihn jagen. . . um die Monde von Nibia und durch den Antares-Mahlstrom. . . und durch die Flammen der ewigen Verdammnis. . .« Khan infiziert die beiden Raumfahrer mit einem einheimischen Parasiten, der sie (wie, erklärt er nicht) seinem Willen unterwirft, dann übernimmt er die *Reliant,* setzt die Mannschaft aus (!) und startet, nachdem er von der Genesis-Maschine erfahren hat, zur Raumstation Regula, um Carol und David Marcus das auch als Waffe einsetzbare Gerät abzujagen.

Inzwischen nehmen Admiral Kirk und Dr. McCoy, beide etwas in die Jahre gekommen, an einem Flug der von Spock befehligten *Enterprise* teil, die nun als Schulschiff dient. Khan lockt das Schiff zur Station Regula und beschießt es heimtückisch. Unter Zuhilfenahme einiger Tricks kann man ihm entkommen, doch Khan erbeutet die Genesis-Maschine und gibt den unter seinem Befehl stehenden Offizieren Terrell und Chekov einen (erfolglosen) Mordbefehl. Als die *Enterprise* die entführte *Reliant* zusammenschießt und Khans Leute wie die Fliegen sterben, setzt der Bösewicht die Genesis-Maschine als Waffe ein.

Der Warp-Antrieb könnte die *Enterprise* retten, doch er ist beschädigt. Der Maschinenraum ist strahlenverseucht. Mr. Spock, der Kirks Ansicht gutheißt, das Leben vieler Menschen zähle mehr als das eines einzelnen, repariert den Antrieb, obwohl er weiß, daß es ihn das Leben kostet. Seine letzten Worte:

SPOCK: Seien Sie nicht traurig, Admiral. Seien Sie logisch. Bedürfnisse Vieler. . . sind wichtiger. . .
KIRK: . . .als die Bedürfnisse Weniger. . .
SPOCK: . . .oder eines Einzigen.

Die Genesis-Maschine bringt eine neue, fruchtbare Welt mit veränderter Molekularstruktur hervor. Es sieht so aus, als könne Spock, der in einem fliegenden Sarg unbeschädigt (!) auf ihr landet, in anderer Form weiterexistieren.

Wer vor *Der Zorn des Khans* die Meinung vertreten hatte, Film-Fortsetzungen könnten immer nur ein mieser Abklatsch des Originals werden, hätte danach seine Ansicht revidieren müssen. Was allerdings nicht jedermanns Sache ist, wie die barsche Besprechung eines Cineasten-Snobs im FISCHER FILM ALMANACH 1983 zeigt, der aber wahrscheinlich ohnehin einen anderen Film gesehen

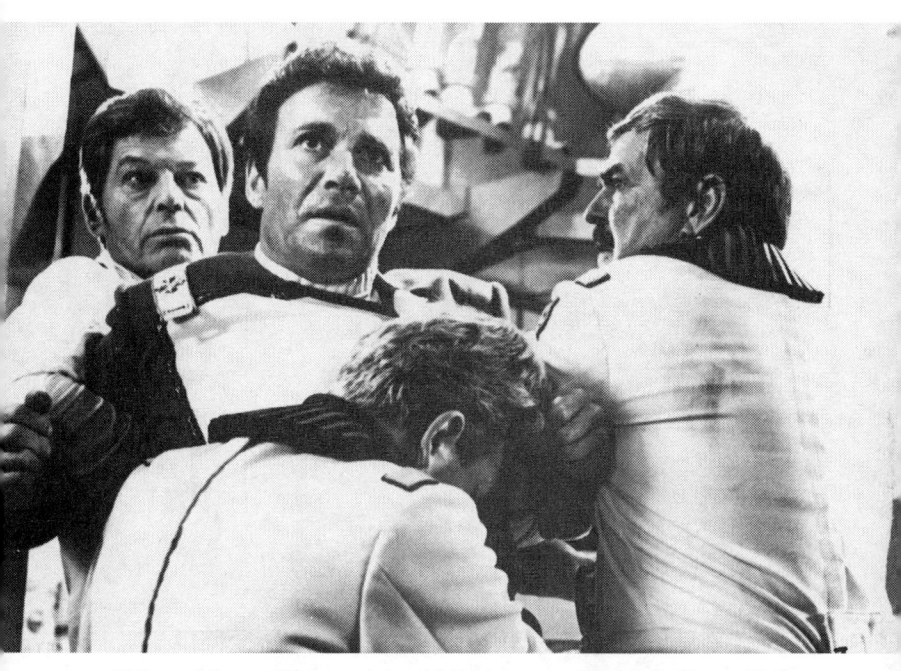

»Haltet mich zurück, bevor ich *wirklich* böse werde . . .« DeForest Kelley,
William Shatner und James Doohan.

hat: ». . .noch ein fader Aufguß der primitiv zusammengeschuster-
ten Abenteuer der inzwischen doch schon recht alt gewordenen
Raumschiffsbesatzung. Dieses Mal muß die Menschheit vor einem
bösartigen Wissenschaftler geschützt werden. Hätte man doch nur
das Ganze als naiv-kindliches Märchen aufgezogen! Höchstens für
eingefleischte *Enterprise*-Fans interessant.«
Gut ist auch die hier: »Im Grunde sind es Spielereien für Kinder,
gut, um ein paar Regenstunden totzuschlagen. Aber manch junger
Zuschauer dürfte trotzdem überfordert sein. Nicht so sehr wegen
der gelegentlich unnötig ausgespielten genreüblichen Brutalitäten,
sondern vielmehr durch das in Science Ficton-Filmen häufig zu be-
obachtende pseudowissenschaftliche Geschwätz und die pseudo-
philosophische Überhöhung einer doch recht albernen Geschichte.« (Joe Hill, FILMDIENST)
Kritiken dieser Art zeigen nichts anderes als die pure Arroganz der
Cineasten, die sich vor der Unterhaltung fürchten und sich lieber

83

»Schade, daß der Antigravlift ausgefallen ist, Jim . . .« William Shatner und Leonard Nimoy benutzen zur Abwechslung mal die Leiter.

durch dröge Problemfilme quälen, weil sie dabei das Gefühl pflegen können, sich mit »Kunst« zu beschäftigen. Für sie ist das Unterhaltungsmedium Kino (bzw. das, was sie abfällig »Erzählkino« nennen) völlig überflüssig, denn es lenkt von der »Kunst« ab, die man mit gedrechselten Worten bis zum Sankt Nimmerleinstag so schön bebrabbeln kann. Cineasten verstehen keine SF-Geschichten, sie sehen nur ihre äußeren Effekte. Schon das genretypische Vokabular ist reiner Quatsch für sie. Daß das Kino nicht aus dem Kulturtempel kommt, sondern vom Rummelplatz, und in der Mehrzahl dort auch hingehört, ist ihnen nicht geheuer. Und so schaut man gar nicht erst richtig hin, wenn Unterhaltung für »Sekundärbegabte« im Angebot ist, sondern man pflegt seine Vorurteile am Schreibtisch weiter.

Obwohl *Der Zorn des Khan* sich eines schon im Western zu Tode gerittenen Hauptmotivs der Unterhaltung bedient (dem der Rache), ist jede Minute dieses Films spannend. Natürlich kann man bezweifeln, ob denkende Menschen (Khan ist immerhin ein Übermensch!), und hat man ihnen auch noch so übel mitgespielt, bis zur Selbstvernichtung gehen, um ihr Mütchen zu kühlen: daß Khan, eine Schöpfung der Genetik und gewöhnlichen Sterblichen körperlich und geistig haushoch überlegen, derart niedrige Triebe pflegen soll, ist ebenso schwer verständlich wie die erstaunliche Tatsache, daß seine Clique ihm widerspruchslos folgt. Als »Übermenschen« (was immer das bedeutet) dürften sie doch in der Lage sein, den destruktiven Charakter der Persönlichkeit ihres Anführers zu erkennen.

Auch fragt man sich, wieso Khan seit den Ereignissen in »Space Seed« als einziger seiner Gruppe gealtert ist und wieso sein Über-

Der wutschnaubende Khan (Ricardo Montalban) im Kreise seiner Getreuen.

menschentum sich ausschließlich in körperlicher Kraft manife-
stiert. »Zufälle« wie die Entdeckung, daß auf Regula sämtliche Da-
tenbänke bis auf die eine gelöscht sind, die anzeigt, wohin Dr.
Marcus und ihre Kollegen geflüchtet sind (was weder Khan noch
Terrell und Chekov auffällt), tragen nicht zur inneren Logik der
Geschichte bei.

Faszinierend ist das Produktionsdesign (hier besonders das unterir-
dische Kavernenparadies). Glänzend gemacht auch der kurze Blick
auf den Planeten Ceti Alpha V und das Quartier der Verbannten,
die sich seit »Space Seed« von glattrasierten Bürgerlichen mit Elvis-
tolle in eine Gruppe von langhaarigen, in verrosteten Schiffs-
wracks lebenden Hippies verändert haben.

Weniger gut mitgedacht wurde beim ersten Auftritt Khans (»Ich
vergesse nie ein Gesicht!«), der in Chekov einen alten Bekannten
erkennt, obwohl er in »Space Seed« gar nicht dabei war. Von der
Betitelung (». . .des Khan«) abgesehen sieht *Der Zorn des Khan* ne-
ben *Star Trek – Der Film* wie ein Sieben-Gänge-Dinner im Waldorf
Astoria neben einer Bockwurst bei Knacker-Toni am Hamburger
Hauptbahnhof aus – auch wenn er mit seinem 10-Millionen-Dollar-
Budget kaum ein Viertel seines Vorgängers gekostet hat.

Pressestimmen

»In rosigen Farben koloriert das Drehbuch eine recht amerikanisch
angehauchte Zukunft, in der der Weltraum eine unendliche Arena
für abenteuerliche Begegnungen jeder Art darstellt. Optimismus
lautet das Schlüsselwort, und so mag denn der Film als Kontra-
punkt zu »No Future«-Slogans oder den tristen Visionen eines
Blade Runner willkommen sein. Rein technisch bestechen dabei
die sagenhaften Tricks von George Lucas‹ Spezialfirma ILM, die
schon den Oscar für *Jäger des verlorenen Schatzes* erhielt. Aber
endlich dienen diese Effekte. . . nicht nur als bloße Aufmöbelung
einer billigen Western-Neuauflage *(Outland)* oder schlichtweg als
reiner Existenzgrund *(Kampfstern Galactica),* sondern einfach als
untergeordnete Szenerie der Handlung. Einer bemerkenswert fol-
gerichtigen, durchdachten und auch witzigen Handlung, für die
man trotz zahlloser Fachtermini keineswegs einen Doktorhut benötigt, um sich spannend zu unterhalten.« (Norbert Stresau, FILMBE-
OBACHTER)

»Regisseur Nicholas Meyer, Drehbuchautor Jack Sowards und der
ausführende Produzent und Story-Autor Harve Bennett haben für

ein naheliegenderes Herangehen als beim ersten Film optiert – und es klappt. Da Industrial Lights & Magic über die visuellen Effekte und die Animation den notwendigen Rahmen beigesteuert hat, heben die Live-Action-Szenen die kleine Besetzung und die Dekorationen hervor, neben denen die Akteure nicht wie Zwerge wirken. Zweckbetonte Aufnahmen, z. B. das Verlassen des Docks, verwenden Archivbilder des ersten Films. Dies erlaubt der Besetzung zu glänzen – besonders William Shatner, der gegen Ende des Films als Charakter wächst. Leonard Nimoy ist als Spock angemessen heroisch, DeForest Kelley trägt in seinen permanenten Schlachten mit Kirk und Spock das komische Element bei, und Ricardo Montalban ist als übelwollender, rachsüchtiger Schurke á la Kapitän Ahab gut in Form.« (VARIETY)

»[*Der Zorn des Khan* ist] nicht nur Fortsetzung des vorhergehenden Films, sondern auch der TV-Folge »Space Seed«, in der Captain Kirk den Kosmos-Renegaten Khan ins Exil. . . schickte, in dem er seither brütete. Der von vornherein auf die Trickkiste seines Vorgängers setzende Film bemüht sich, ein mäßig affektiertes humanes Melodram zu sein. Der alternde Shatner und seine sich belustigenden *Enterprise*-Kumpane ziehen fortan, mutig in Weichzeichner gehüllt, im All umher und lächeln auf eine Schiffsladung Trekkie-Lehrlinge hinab, bis sie zu dringender Comicstrip-Aktion gerufen werden, da Khan droht, die Schöpfung mit der auf Zerstörung umprogrammierten Genesis-Maschine umzudrehen. Der Nettoergebnis, zwischen verlegenem Gelächter, ist Ungläubigkeit: ein Film, zugleich post-Fernsehen und prä-D.W.-Griffith.« (P. T., THE TIME OUT FILM GUIDE)

»Die philosophisch verbrämte Langatmigkeit des ersten *Star Trek*-Films macht. . . unter der Regie Nicholas Meyers einer erdnahen Form von Kino-Unterhaltung Platz.« (GUCKLOCH)

Star Trek III
Auf der Suche nach Mr. Spock

(STAR TREK III – THE SEARCH FOR SPOCK)
USA 1984

»Dies ist. . . ein Film über reale Menschen, die etwas für einander
empfinden. Und es ist ein Film über die Verantwortung, die wir für unser Handeln haben, um unsere Menschlichkeit nicht zu verlieren. Inso-
fern unterscheidet sich Star Trek von den Spielberg- und Lucas-Fil-
men, die ich zwar bewundere, aber nicht imitieren möchte.«[1]

LEONARD NIMOY

Produktion Paramount Pictures (Harve Bennett). *Ausführender
Produzent* Gary Nardino. *Regie* Leonard Nimoy. *Drehbuch* Harve
Bennett. *Kamera* Charles Corell. *Spezialeffekte* Bob Dawson,
Rocky Gehr, Thomas R. Homsher, Dennis K. Petersen, Tony Van-
denecker, Peter G. Evangelatos, Industrial Light & Magic. *Schnitt*
Robert F. Shugrue. *Produktionsdesign* Cameron Birnie, Blake Rus-
sell. *Musik* James Horner. *Darsteller* William Shatner (Admiral Ja-
mes T. Kirk), Leonard Nimoy (Mr. Spock), DeForest Kelley (Dr.
Leonard McCoy), James Doohan (Montgomery Scott), George Ta-
kei (Sulu), Robin Curtis (Saavik), Merritt Butrick (David Marcus),
Phil Morris (Foster), Scott McGinnis (Abenteurer), Robert Hooks
(Admiral Morrow), Christopher Lloyd (Kruge), Mark Lenard
(Sarek), Judith Anderson (T'Lar), James B. Sikking (Capt. Styles),
Chathie Shirriff (Valkris), Walter Koenig (Pavel Chekov), Nichelle
Nichols (Uhura), Stephen Liska (Torg), John Laroquette (Maltz),
Philip Richard Allen (Captain Esteban), Carl Steven, Vadia Po-
tenza, Stephen Manley, Joe W. Davis (Mr. Spock in verschiedenen
jugendlichen Stadien), David Cadiente (Sergeant), Bob Cum-
mings, Branscombe Richmond (Kanoniere), Jeanne Mori (Steuer-
frau), Marco Marcelino (Nachrichtenoffizier), Alan Miller (Alien),
Sharon Thomas (Kellnerin), Conroy Gedeon (Agent), Gary Faga,
Douglas Alan Shanklin (Wächter), Grace Lee Whitney (Frau im
Café), Miguel Ferrer (Erster Offizier). *Laufzeit* 105 Min.

---

[1] Wolfgang J. Fuchs: »Interview mit Leonard Nimoy«, Retro, Nr. 26 (Dezember 1984–1985)

Lieutenant Saavik (Robin Curtis) und David Markus, Kirks unehelicher Sohn (Merrit Butrick), auf dem Weg zum Planeten Genesis.

Buch: Vonda N. McIntyre, STAR TREK III – AUF DER SUCHE NACH MR. SPOCK, München: Heyne 1985
Video: CIC

Inhalt: Nach Spocks Tod kehrt die *Enterprise* unter Admiral James T. Kirk zur irdischen Orbitalstation zurück, von der sie zu einem Schulungsflug aufgebrochen war.
Schiffsarzt Dr. McCoy, der in der Schlußsequenz von *Der Zorn des Khan* versucht hatte, Spock daran zu hindern, in den strahlenverseuchten Maschinenraum der *Enterprise* zu gehen, von diesem jedoch mit einem vulkanischen Kampfgriff außer Gefecht gesetzt wurde, gerät in unerklärliche geistige Verwirrung: Er weist, was zwar dem Zuschauer, nicht aber Kirk auffällt, plötzlich eigenartige Wesenszüge Spocks auf und muß stationär behandelt werden.
Spocks Vater, Botschafter Sarek, taucht in Kirks Zuhause auf und

comp-4

ST-3-G-5908

Klingonen-Kapitän Kruge (Christopher Lloyd, links) bewundert im Kreise seiner Offiziere Torg (Stephen Liska) und Maltz (John Larroquette) die Auswirkungen der von den Terranern entwickelten Genesis-Maschine.

möchte wissen, warum dieser die sterblichen Überreste und die »unsterbliche Seele« seines Sohnes nicht zum Planeten Vulkan gebracht hat – Spock müsse ihm diesen Wunsch vor seinem Tod zu verstehen gegeben haben. Dies war jedoch nicht der Fall.

Eine Monitoraufzeichnung von Spocks letzter Begegnung mit McCoy deutet an, daß er vor dem Betreten des Maschinenraums sein Bewußtsein in den Geist McCoys übertragen hat. Kirk verspricht Sarek, Spocks Sarg von dem neu entstandenen Planeten Genesis zu holen und nach Vulkan zu bringen. Doch die Admiralität, die die *Enterprise* verschrotten möchte, widersetzt sich, da sich in der Umlaufbahn von Genesis bereits der Forschungsraumer *Grissom* unter dem Kommando von Captain Esteban aufhält.

Kirk, McCoy, Scott, Chekov und Sulu entführen mit Uhuras Hilfe die angedockte *Enterprise,* tricksen das sie verfolgende Super-raumschiff *Excelsior* aus, aus dem Scotty zuvor die Zündkerzen (oder sowas) ausgebaut hat, und fliegen nach Genesis. Dort sind die Vulkanierin Saavik und Kirks Sohn Dr. Mark Curtis, von der *Grissom* kommend, inzwischen zum Zweck wissenschaftlicher Forschungen gelandet. Genesis, ein erdähnliches Paradies, entwickelt sich rapide; Bakterien aus der *Enterprise,* die zusammen mit Spocks Sarg gelandet sind, haben sich schon zu feisten Monstrositäten entwickelt.

Spocks Sarg erweist sich als leer. Da der künstlich fruchtbar gemachte Planet rasend schnell altert und schon zerbröselt, muß Dr. Marcus zugeben, daß das Genesis-Projekt gescheitert ist. In einem unwirtlichen Gebiet finden Saavik und er einen kleinen Jungen, der nicht sprechen kann, doch die Rassenmerkmale eines Vulkaniers

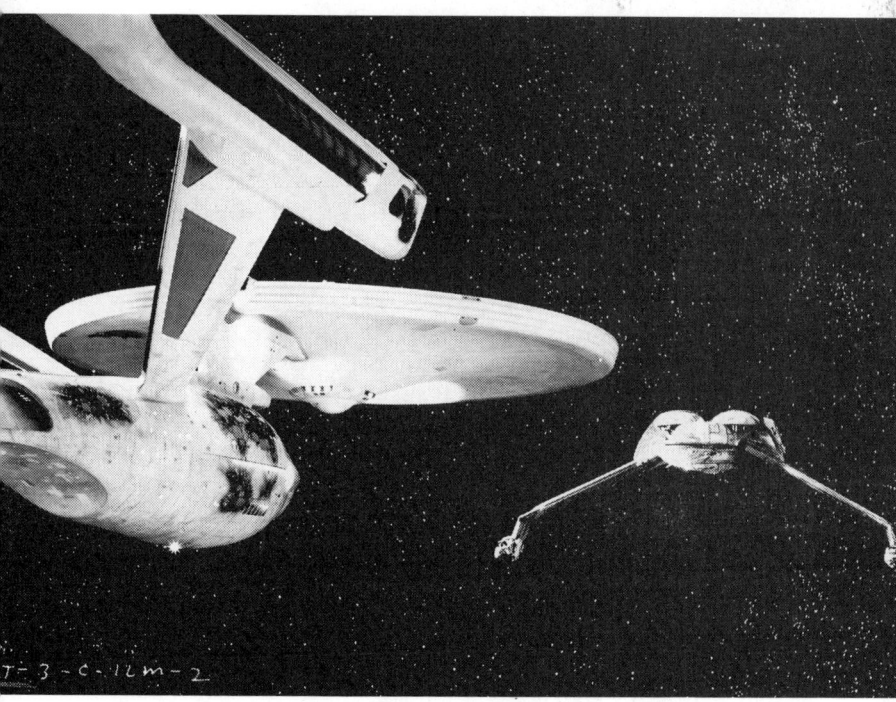

Die *Enterprise* steht dem klingonischen Raubvogel von Kapitän Kruge gegenüber.

aufweist: Es ist Spock; seine Zellen wurden von den Auswirkungen der Genesis-Maschine regeneriert. Spock altert stündlich und wird innerhalb von zwei Tagen zum Erwachsenen – mit völlig leerem Hirn.

Als die mit fünf Mann besetzte *Enterprise* Genesis anfliegt, ist die *Grissom* schon von einem klingonischen Raumschiff vernichtet worden. Saavik, Marcus und der junge Spock werden auf dem Planeten von Klingonen festgehalten, die sich unter Führung des schrägen »Lord« Kruge, dem vor einer weiteren Ausdehnung der Föderation graut, das Genesis-Geheimnis unter den Nagel reißen wollen.

KRUGE: Was denkst du? Sprich!
1. KLINGONE: Große Macht zu kontrollieren, zu beherrschen. . .
KRUGE: Deine Meinung?
2. KLINGONE: Ich bin wirklich beeindruckt. Die können Planeten machen.
KRUGE: Oh ja, neue Städte, auf dem Land ein kleines Haus, deine Frau immer an deiner Seite, deine Kinder spielen dir zu Füßen. Und über allem flattert die Fahne der Föderation im Wind. Eine reizende Vorstellung!

Trotz der schwer beschränkten Artikulationsfähigkeit seiner leitenden Offiziere gelingt es Lord Kruge, der »das Geheimnis der absoluten Macht« erringen will, auch die *Enterprise* kampfunfähig zu schießen.

Nachdem er Dr. Marcus (Kirks Sohn) hat ermorden lassen, um irgendwelche »Genesis-Daten« zu erpressen, die er völlig unverständlicherweise in den Computerbänken der *Enterprise* vermutet, überlisten Kirk und die anderen ihn: Sie übergeben ihr Schiff zum Schein, setzen sich per Transporter nach Genesis ab und aktivieren die Selbstvernichtungsanlage, die Kruges tölpelhaft agierendes Enterkommando ins Jenseits befördert.

Kirk und Co. überwältigen die Klingonen, die Saavik und Spock gefangenhalten, doch die Instabilität des Planeten nimmt dermaßen zu, daß der Untergang nur noch eine Frage von Minuten ist. Kirk schlägt Kruge per Funk einen Kuhhandel vor, Kruge beamt nach Genesis, läßt von seinem letzten Getreuen alle bis auf Spock und Kirk in sein Schiff holen und stellt erneute Genesis-Daten-Forderungen.

Doch Kirk, der sie gar nicht hat, wirft Kruge in einen Abgrund und

Der erbeutete klingonische Raubvogel landet auf dem Planeten Vulkan, der Heimat Spocks.

bringt den letzten Klingonen mit einer Stimmimitationsnummer (auf die nur jemand mit Blechohren hereinfallen würde) dazu, ihn und Spock an Bord zu beamen. (Woraufhin der Klingone schwer enttäuscht ist und um sein Ableben bittet.) Kirk und seine Freunde bringen Spock mit dem erbeuteten Klingonenschiff zum Planeten Vulkan, wo eine alte Priesterin mit höchstem Erstaunen reagiert (»Was du begehrst, hat niemand seit undenklichen Zeiten mehr getan, und *auch dann nur* in Legenden. . .«), als Sarek sie bittet, das in McCoys Hirn gespeicherte Bewußtsein Spocks in den Körper seines Sohnes zurückzutransferieren. Allerdings meistert sie die Sache, die ihren eigenen Worten zufolge bisher *nur in Legenden* durchgeführt wurde, im Nu. Vielleicht ist *das* der Grund, warum Spock so viel vergessen hat:

Die *Enterprise*-Mannschaft auf dem Planeten Vulkan: Dr. McCoy (DeForest Kelley), James Kirk (William Shatner) und Sarek (Mark Lenard), der Vater Spocks.

SPOCK: Mein Vater sagte mir, Sie waren mir ein Freund. Sie haben mich zurückgebracht.
KIRK: Sie hätten dasselbe für mich getan.
SPOCK: Aber *warum* haben Sie es getan?
KIRK: Weil das Wohl von Einem genauso schwer wiegt, wie das Wohl von Vielen.

Theodore Sturgeon (1918–1985), einer der wenigen echten SF-Könner des 20. Jahrhunderts, definiert Science Fiction folgendermaßen: »Eine SF-Story dreht sich um menschliche Wesen, um ein menschliches Problem und hat eine menschliche Lösung, die ohne ihren wissenschaftlichen Gehalt gar nicht erst zustandegekommen wäre.«

94

Folgt man ihm, ist *Auf der Suche nach Mr. Spock* allenfalls ein Kriminalfilm: Da gibt es den Protagonisten (Kirk), von dem gemutmaßt wird, er besäße etwas (in diesem Fall wichtige Informationen über die Genesis-Maschine). Dann ist da der Antagonist (Lord Kruge), der das, was der Protagonist besitzt, ebenfalls gern besitzen würde. Um sein Ziel zu erreichen, kidnappt der Antagonist den Sohn des Protagonisten, um ihn zu erpressen. Das »wissenschaftliche« Element der Geschichte, das laut Sturgeon eine SF-Handlung erst ausmacht, ist hier allenfalls ein McGuffin á la Hitchcock: ein x-beliebiger, austauschbarer Gegenstand, der für die Handlung völlig unwichtig ist, die Geschichte jedoch durch sein »Vorhandensein« vorantreibt. Krimi.
Leonard Nimoys erste Inszenierung wirft zudem einige Fragen auf, die der Film zu beantworten sich weigert: Woher hat die klingonische Agentin Valkris die Informationen über das Genesis-Projekt, die sie Kruge andient, und wieso ist sie so blöd, ihm zu gestehen, daß sie sich die Beute angeschaut hat, wo sie doch weiß, daß intergalaktische Dunkelmänner keine Mitwisser gebrauchen können?

Eine vulkanische Hohepriesterin (Judith Anderson, links) behandelt McCoy, um Spock zu neuem Leben zu erwecken.

Wieso ist es gefährlich, den Videofilm über die Genesis-Maschine zu kennen, den sie Kruge überpielt, da er doch nicht mehr Informationen bietet als ein Werbespot für Meister Proper?

Auf welcher Grundlage (wenn nicht der der puren Blödheit) droht Kruge Kirk an, er werde seine Geiseln »als Feinde des *intergalaktischen* Friedens« exekutieren? Wieso schwelgt unser Steuermann Sulu in einer Situation, in der es Zack-Zack gehen muß, nämlich McCoys Entführung aus der Klapsmühle, in gestelzten Redensarten wie »*Bezeichne* mich nie wieder als Zwerg«, wo doch ein flottes »Sag nie wieder Zwerg zu mir« viel weniger Zeit braucht? Wieso sieht die Kneipenszene, in der McCoy so grausam die Knallcharge spielt, daß beinahe verständlich wird, wieso der Alien ihm sein Raumschiff nicht verchartern will, so *billig* aus, wie Klein-Mäxchen sich 1955 ein Lokal im Jahr 2000 vorgestellt hat? Wieso landen Captain Kirk und seine Leute nach der Sprengung der *Enterprise* rein zufällig dort, wo Kruge die Geiseln versteckt hält?

Wieso duzt Mr. Spock (mit den Stimmbändern des geistig verwirrten McCoy) plötzlich seinen Captain, obwohl er ihn 79 TV-Folgen und zwei Filme lang immer nur »Sie, Jim« genannt hat? Wieso reden sich die Klingonen mit englischen Titeln (»Sir«, »Mylord«) an, obwohl sie doch angeblich eine eigene Sprache haben? Wieso klingt das klingonische Längenmaß »Callycaps« nicht klingonisch, sondern englisch, bzw. warum rechnen die Klingonen nicht gleich in Meilen? Wieso heißen die Vulkanier plötzlich »Vulkaner«, die Klingonen hingegen »Klingons« und die zuvor (unverständlicherweise) stets als »Bird of Prey« bezeichneten Klingonen-Kampfraumer nun »Raubvögel«? Und letztlich: Wieso sprechen die Akteure der deutschen Fassung in der Film-Einleitung, die zum besseren Verständnis das Ende von *Der Zorn des Khan* repetiert, einen – wenn auch sprachlich ausgefeilteren – anderen Text?

SPOCK: Trauern Sie nicht um mich, Admiral. Es war eine logische Entscheidung. Das Wohl von Vielen, es wiegt schwerer. . .

KIRK: . . .als das Wohl von Wenigen.

SPOCK: Oder von Einzelnen.

Des Rätsels Lösung ist ganz einfach: Weil der, der die Dialogübersetzung angefertigt hat, zu faul war, sich den Vorgänger anzuschauen und außerdem an starken Konzentrationsstörungen gelitten haben muß.

Pressestimmen

»Als Spock bekommt [Leonard Nimoy] – in der Filmhandlung – ja sogar in doppelter Hinsicht Leben. Und das dürfte denn auch die Botschaft dieses Films – und der Serie um das Raumschiff *Enterprise* – ausmachen: Die Suche nach dem Leben und der dem Leben zuträglichen Menschlichkeit. Gewiß wird hier die Selbstfindung sehr veräußerlicht in eine aktionsbetonte Handlung verpackt. Dennoch hat dieser Film mindestens soviel Sinn wie einige sogenannte Problemfilme. Daß er obendrein auch noch einigermaßen unterhaltsam ist, kann man nicht als Manko ansehen.« (Wolfgang J. Fuchs, RETRO)

»Der Gesamteindruck bleibt ein gemischtes Vergnügen, das jedoch durchaus im Sinne der Serie abläuft. Man darf von *Star Trek* nicht mehr erwarten, als die Aufrechterhaltung einer vertraut-familiären Atmosphäre innerhalb eher einfacher denn bedeutungsvoller Geschichten für ein Stammpublikum. . . Die Rückkehr nach Robert Wises noch mit größeren und interessanteren Ideen spielenden *Star Trek – Der Film* in den Kanon des eher TV-Geprägten in Nicholas Meyers *Der Zorn des Khan* und noch mehr ins Beziehungs-Innere der Crew in *Auf der Suche nach Mr. Spock* bei Beibehaltung einer zeitgemäß-technischen Einkleidung. . . scheint eine deutliche und kaum weniger verwunderliche Entwicklung für die Aufrechterhaltung und Weiterführung der Serie zu sein. Im Endeffekt gibt *Auf der Suche nach Mr. Spock* bei allem, was er zu wünschen übrig läßt, mehr Klarheit über deren Kino-Kurs und die Chance eines Neuanfangs als alles vorherige.« (Peter Gaschler, DAS SCIENCE FICTION-JAHR 1986)

»Dem wahren Spitzohr-Fan dürfte dieses leidlich spannende Space Opera-Kombinat aus aufrechten Weltraum-Helden, pseudo-philosophisher Vulkan-Mystik und faszinierend perfekten Spezialeffekten. . . zweifellos wie Öl runterlaufen. . . Die ausgesprochen lieblose Synchronisation sorgt wieder mal für einen regelrechten Wermuts-Sturzbach.« (Norbert Stresau, FILMECHO/FILMWOCHE)

»Dieser Teil mit der üblichen, von einer Pseudophilosphie untermauerten Story mag in einigen Partien recht attraktiv sein, doch Längen zerstören die Spannung. Das Weltraumspektakel mit der Ideologie einer einzigen großen Weltfamilie ist technisch etwas perfekter als seine Vorgänger, aber das ändert nicht viel an dem Eindruck, das alles schon mal gesehen zu haben« (M.N., FILM-DIENST)

»Bennetts Drehbuch fängt den Geist der von Gene Roddenberry erschaffenen TV-Serie sorgfältig ein und sorgt sogar für zufriedenstellende (wenn auch nur kurze) Szenen, in denen die einzelnen Angehörigen der Mannschaft im Mittelpunkt stehen, inklusive die Nachrichtenoffizierin Uhura. . . die den Satz sprechen darf: »Dies ist nicht real – dies ist Phantasie«. Im Gegensatz zu den momentanen Trends in der Science Fiction und in jugendorientierten Filmen ist Nimoys Regie an Menschen orientiert und befleißigt sich weniger der Zap- und Effektvielfalt konkurrierender Filme.« (VARIETY)

Star Trek IV
Zurück in die Gegenwart

(STAR TREK IV: THE VOYAGE HOME)
USA 1986

»Engel und Boten Gottes, steht uns bei!«

DR. McCOY

»Hamlet, erster Akt, vierte Szene.«

MR. SPOCK

Produktion Paramount Pictures (Harve Bennett). *Ausführender Produzent* Ralph Winter. *Regie* Leonard Nimoy. *Buch* Steve Meerson, Peter Krikes, Nicholas Meyer, Harve Bennett. *Story* Leonard Nimoy, Harve Bennett. *Kamera* Don Peterman. *Spezialeffekte* Michael Lanteri, Clay Pinney, Brian Tipton, Don Elliot, Robert Spurlock, Tim Moran, Ken Ralston, Erik Jensen. *Schnitt* Peter E. Berger. *Produktionsdesign* Jack T. Collis. *Musik* Leonard Rosenman. *Darsteller* William Shatner (Admiral James T. Kirk), Leonard Nimoy (Mr. Spock), DeForrest Kelly (Dr. Leonard McCoy), James Doohan (Montgomery Scott), Nichelle Nichols (Uhura), Walter Koenig (Pavel Chekov), George Takei (Sulu), Jane Wyatt (Amanda), Catherine Hicks (Gillian), Mark Lenard (Sarek), Robin Curtis (Saavik), Robert Ellenstein (Präsident), Brock Peters (Admiral Cartwright), Michael Snyder (Funkoffizier), Michael Berryman (Beobachter), Grace Lee Whitney (Commander Rand), Majel Barrett (Commander Chapel), Vijay Amritraj (Captain), John Schuck (Klingonen-Commander), Mike Brislane, Nick Ramus (Saratoga-Offiziere), Jane Wiedlin (Alien-Offizierin), Thaddeus Golas, Martin Pistone (Controller). *Laufzeit* 122 Min.
Buch: Vonda N. McIntyre, ZURÜCK IN DIE GEGENWART, München: Heyne 1987
Video: CIC

Inhalt: Aus dem Weltraum nähert sich ein walzenförmiges Objekt der Erde, unter dem eine mysteriös aussehendes, hirnartige Kugel schwebt. Es umkreist den Planeten in Sichtweite, übt auf geheim-

Die Mannschaft der *Enterprise* vor dem Start vom Planeten Vulkan.

nisvolle Weise Einfluß auf alle technischen Funktionen aus, läßt das Meerwasser verdampfen und sendet kodierte Botschaften, die niemand beantworten kann, da man sie nicht versteht.

Die gerade vom Planeten Vulkan zur Erde zurückkehrende Mannschaft der *Enterprise,* in dem gekaperten Klingonenschiff unterwegs, das sie *Bounty* getauft hat, analysiert die Gefahr und hält sich aus dem Wirkungskreis des Objekts fern. Spock meint, es zeuge möglicherweise nur von Arroganz, wenn man meint, die unverständliche Botschaft der Walze müsse an die menschliche Rasse gerichtet sein.

Dank der überragenden irdischen Computertechnik stellt sich heraus, daß die rätselhaften, zur Erde gefunkten Signale, nichts anderes sind als die »Gesänge« von Buckelwalen. Die Insassen der Walze erwarten offenbar eine dementsprechend modulierte Antwort – oder die Erde wird (aus welchem Grund auch immer) vernichtet. Da die Buckelwale im 23. Jahrhundert ausgestorben sind, können sie freilich keine Antwort geben und die Gefahr aus dem All bannen.

Kirk und seine Schar wagen einen Überlichtflug, der sie rund um die Sonne führt und ins 20. Jahrhundert zurückbringt. (Die Erde des Jahres 1986 erspart der Produktion eine Menge Geld für futuristische Bauten.) Die *Bounty* wird unter ihrem unsichtbar machenden Tarnschirm in einem Park in San Francisco versteckt, und die Mannschaft bricht in Zweiergruppen auf, um Buckelwale zu suchen, die sie ins 23. Jahrhundert mitnehmen will.

Es gilt allerdings auch, ein paar andere notwendige Dinge zu organisieren, was Anlaß zu komplizierten Verwicklungen gibt: Chekov wird beim Diebstahl atomaren Treibstoffs für die *Bounty* von der amerikanischen Marineabwehr festgenommen, die ihn a) für einen sowjetischen Spion und b) für einen Spinner hält. Chekov wird auf der Flucht verletzt, landet in einem Krankenhaus und muß in einer

James Kirk (William Shatner) versetzt im 20. Jahrhundert seine Brille, ein echtes Altertümchen, an einen Antiquar, um die Zeit-Reisekosten seiner Mannschaft zu finanzieren.

101

an Slapstick-Einlagen reichen Aktion von Kirk und McCoy befreit werden. Um den Laderaum der *Bounty* für den Transport von Walen und Meerwasser abdichten zu können, lassen Scotty und McCoy in einem Industriebetrieb Aluminiumplatten herstellen, die für das 20. Jahrhundert geradezu revolutionär sind.

Kirk und Spock lernen im ozeanographischen Institut von San Francisco, in dem ein Walpärchen lebt, das in Kürze im Meer ausgesetzt werden soll, die Biologin Gillian kennen (die sie später aufgrund verzwickter Umstände in die Zukunft mitnehmen müssen). Man beamt die freigelassenen Wale vor den Augen französischer Walfänger aus dem Meer in die *Bounty* und rast erneut um die Sonne in die Zukunft.

Nach einer Bruchlandung in der Bucht von San Francisco nehmen die Wale Kontakt mit dem Objekt auf, das die Erde bedroht: Es dreht ab, ohne daß die Insassen – falls es welche gibt – sich zu erkennen geben oder daß man Aufschluß über ihre Mission und Beziehung zu den Buckelwalen gewinnt. Admiral Kirk wird aufgrund diverser Gesetzesübertretungen zum Captain degradiert und auf eine neue *Enterprise* versetzt, da man ihn im Raum besser aufgehoben weiß. Der hübschen Biologin Gillian wird der Traum eines jeden Trekkers erfüllt: Sie darf fortan im 23. Jahrhundert leben und und sich um die Aufzucht von Walen kümmern.

Captain Kirk und seine Mannen als Greenpeace-Aktivisten sind ein Rundum-Vergnügen, das im *Enterprise*-Universum seinesgleichen sucht. Obwohl am Drehbuch dieser Geschichte nicht weniger als vier Autoren beteiligt waren (was in der Regel eher ein Hinweis darauf ist, daß einen eine mittlere Katastrophe erwartet), ist die Story nicht nur unterhaltsam und kritisch, sondern auch reich an Szenen, Dialogen und Anspielungen, die das Publikum zu Lachstürmen hinreißen. So hat man die beiden Wale, um die sich alles dreht, »George und Gracie« getauft – als Hommáge an die Komödianten George Burns (geboren 1896, und noch immer aktiv!) und Gracie Allen (1902–1964), die aufgrund ihres Metiers (Sprachwitz) leider nur im englischen Sprachraum bekannt sind. Einen treffenden Kommentar über den Zustand *unserer* Welt liefert Spock – ohne erhobenen Zeigefinger – auf Kirks Frage, in welchem Jahrhundert man nach dem erfolgten Zeitsprung angekommen ist:

SPOCK (knochentrocken): »Nach der Verschmutzung der Atmosphäre zu urteilen, müßten wir in der zweiten Hälfte des zwanzigsten Jahrhunderts angekommen sein.«

Der Vulkanier Mr. Spock (Leonard Nimoy) und Jim Kirk (William Shatner) scheinen vom Fernsehprogramm des 20. Jahrhunderts nicht gerade sehr begeistert zu sein . . .

Und beim Anflug auf San Francisco:

SULU: (pathetisch): Mein Geburtsort. . .
McCOY: (schmunzelnd): Das sind also *die Straßen von San Francisco?*

Pfiffig gemacht auch Spocks vulkaniertypische Ausschaltung eines ziemlich garstigen Punks[1], der in einem Bus seinen Kassettenrekorder dröhnen läßt und Kirk den Finger zeigt, als dieser ihn bittet, das Gerät leiser zu stellen. Dann:

SPOCK: Ihre Ausdrucksweise hat sich geändert, seit wir in dieser Stadt sind. Sie ist jetzt durchdrungen von. . . Wie soll ich sagen. . . vielen farbigen Metaphern. Zum Beispiel »Sie blöder Arsch« und so weiter. . .

---

[1] Nicholas Meyer hatte die Szene für seinen Film Flucht in die Zukunft geschrieben und gedreht, doch wurde sie aufgrund mangelnder technischer Qualität nicht verwendet.

Die Meeresbiologin Gillian (Catherine Hicks) steht in einem Park in San Francisco vor einer unsichtbaren Wand und erkennt, daß die seltsamen Typen, die sie kennengelernt hat, mitnichten Spinner sind.

KIRK: Das finden Sie vulgär, nicht?
SPOCK: Ja.
KIRK: So *sprechen* die Leute in dieser Zeit! Kein Mensch wird hier beachtet, wenn er nicht bei jedem zweiten Wort flucht. Das können Sie in der gesamten Literatur dieser Epoche nachlesen.
SPOCK: Zum Beispiel?
KIRK: Die gesammelten Werke von Jacqueline Susann. Die Romane von Harold Robbins.
SPOCK: Ah – *die Giganten!*

Würde Spock aus neuen Erkenntnissen nicht lernen, wäre er kein intelligentes Lebewesen. Also paßt er sich, nicht ganz zu Kirks Zufriedenheit, den Gegebenheiten verbal an:

KIRK: Wir wollen doch nur helfen. . .
GILLIAN: Das ist *verdammt* reizend. Ihr Freund springt in das Wasserbecken und bringt meine Wale durcheinander.

SPOCK: Sie haben sie sehr gern, aber trotzdem sind sie, *verdammt,* nicht *Ihre* Wale.

GILLIAN: Das haben sie Ihnen wohl erzählt, hm?

SPOCK: *Verdammt* richtig.

Szenen wunderbaren Humors erleben wir, als Dipl.-Ing. Montgomery Scott, der mit allen Wassern gewaschene Schmiermaxe der *Enterprise,* mit einem Primitiv-PC des 20. Jahrhunderts kommunizieren will, die dazugehörige Maus für ein Mikrofon hält und – statt die Tastatur zu benutzen – mit dem Gerät *redet* (»Computer!. . . Computer?«); wenn die Herren von der Marineabwehr über den »russischen Spion« Chekov, seine im falschen Moment versagende »Strahlenpistole« und seinen »Raumflottenausweis« in schiere Verzweiflung geraten; wenn McCoy einer Krankenhauspatientin mit Hilfe simpler Pillen im Nu eine neue Niere wachsen läßt und

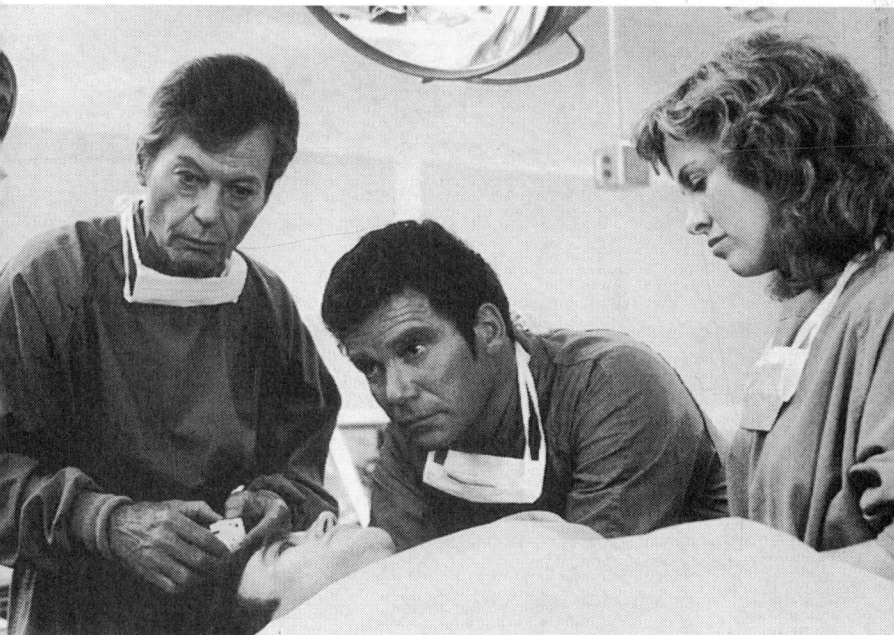

Dr. McCoy (DeForest Kelley), Admiral Kirk (William Shatner) und Gillian (Catherine Hicks) befreien den verletzten Pavel Chekov (Walter Koenig) aus einem »Barbarenkrankenhaus« des 20. Jahrhunderts.

So sieht also die Zukunft aus: Gillian (Catherine Hicks) erlebt den Traum eines jeden echten Trekkers: Einmal mit Captain Kirk um die Sonne fliegen . . .

den Ärzten, die sich offenbar mehr für Golf als für die Gesundung ihrer Patienten interessieren, seine Verachtung für Verfahren wie Chemotherapie (»Steinzeit«) und Skalpelle (»Metzgermesser«) deutlich macht.

Die fröhliche Stimmung wird freilich durch einige Patzer getrübt, die nicht nur Mr. Spock mißfallen dürften: Hat Kirk zu Beginn des Films noch gegen neun Föderationsgesetze verstoßen, schrumpfen diese aufgrund der nur als mangelhaft zu bezeichnenden Arithmetikkenntnisse des Autorenquartetts am Ende zu lumpigen sechs zusammen. McCoys Kommentar auf Kirks Bemerkung, man könne von der Tarnvorrichtung des Klingonenschiffes *Bounty* einiges lernen (»Ich wünschte, wir könnten damit auch den Gestank tarnen«), ist hingegen ein überflüssiger Drehbuch-Rassismus, der weder Roddenberry noch einem echten Trekker gefallen dürfte.

Das Allerschlimmste freilich leisten sich die deutschen Bearbeiter,

106

deren hochbezahlte Legastheniker den Titel des Films im Vorspann als *Star TRECK* (!) angeben und den Schauspielern auf ihre üblich schlampige Weise Sätze wie »Er wird sich *wieder* erinnern« (also noch einmal?) oder »Ich *wundere* mich. . .« in den Mund legen, wo »Es fällt ihm schon noch ein« bzw. »Ich frage mich. . .« gemeint ist. Die einem schmalen Handtuch wie Mr. Sulu aufgepfropfte Grizzlybärenstimme von Tommi Piper erscheint auch nicht als der Weisheit letzter Schluß.

Zurück in die Gegenwart ist trotz (oder wegen) seines für die Serie untypischen Plots der bisher beste *Star Trek*-Film und wurde in den Kategorien Musik, Ton, Toneffekte und Kamera für einen Oscar nominiert.

Pressestimmen

»Weder der an der Fernsehdramaturgie orientierte Erzählstil noch das reichlich strapazierte Thema der Zeitreise ruft Begeisterung hervor. Interessant aber erscheint ein für einen Science Fiction-Film eher ungewöhnliches Thema: die Parteinahme für die bedrohten Wale. Zwar stehen deren Lebens- und Kommunikationsformen nicht im Mittelpunkt, doch die Sympathie für die Wale wendet sich eindeutig gegen das Abschlachten der hochentwickelten, intelligenten Säugetiere. Inmitten der technologischen Zukunftswelt wirkt solche ökologische Thematik isoliert und pädagogisch aufgesetzt und verliert daher einiges an Glaubwürdigkeit; dennoch erscheint sie nicht unsinnig plaziert: im Unterhaltungskino erreicht das ökologisch wichtige Thema ein Publikum, an dem ein Dokumentarfilm vorbeigehen würde.« (Hagmann, FILMDIENST)

»Das brav und bieder mit bescheidenen Spezialeffekten augestattete Filmchen verdient allein schon durch sein engagiertes Eintreten für die Errettung der bedrohten Wale Sympathie.« (FISCHER FILM ALMANACH 1988)

»Mehr als das langweilige Niveau einer auf Großformat aufgeblasenen Dutzend-Folge kommt bei diesem betulichen ›Alt-Herren-Vergnügen‹ nicht heraus.« (TIP)

»Die spannendste und vergnüglichste Fahrt der *Enterprise*-Mannschaft. Besondere Pluspunkte: das vergleichsweise geringe Potential an Spezialeffekten und satirischen Seitenhieben auf den amerikanischen Zeitgeist.« (THE HOLLYWOOD REPORTER)

»Wenn *[Zurück in die Gegenwart]* etwas geradezu unglaublich richtig macht, dann die Art und Weise, wie er auf die klammheimlichen Wünsche seiner Hauptkonsumenten abzielt. Letztlich ist nicht Kirk, sondern Gillian, die Meeresforscherin, die Kirk im 20. Jahrhundert zur Seite steht, die eigentliche Identifikationsfigur des Films. Sie stellt das Ebenbild der Durchschnittstrekkies dar: liberal, idealistisch, human. Dafür wird sie schließlich auch belohnt. Am Ende darf Gillian ihren Heros ins 23. Jahrhundert begleiten und fürderhin auf dem futuristischen Äquivalent eines Greenpeace-Schiffes den Lebensunterhalt verdienen.« (Norbert Stresau, SCIENCE FICTION TIMES)

Star Trek V
Am Rande des Universums

(STAR TREK V: THE FINAL FRONTIER)
USA 1989

»Ich schätze, Captain Kirk und ich sind irgendwann miteinander verschmolzen. Vielleicht lag es an technischen Notwendigkeiten: Der Druck, jede Woche eine Fernsehfolge zu machen, ist so stark, daß man sich nicht hinter allzu vielen Masken verstecken kann. Viel von dem, was Captain Kirk ist, war ich. – Wie es umgekehrt ist, weiß ich nicht.«

WILLIAM SHATNER

Produktion Paramount Pictures (Harve Bennett). *Ausführender Produzent* Ralph Winter. *Regie* William Shatner. *Buch* David Loughery. *Story* David Loughery, William Shatner, Harve Bennett. *Kamera* Andrew Laszlo. *Spezialeffekte* Bran Ferren, Peter Kuran, Michael L. Wood, Mike Edmonson, Susan Coursey, Eric Angelson, James Shelly, Patricia Barry, San Le Ber. *Schnitt* Peter Berger. *Produktionsdesign* Herman Zimmerman. Musik: Jerry Goldsmith. *Darsteller* William Shatner (Captain James T. Kirk), Leonard Nimoy (Spock), DeForest Kelly (Dr. Leonard McCoy), James Doohan (Montgomery Scott), Walter Koenig (Pavel Chekov), Nichelle Nichols (Uhura), George Takei (Sulu), David Warner (St. John Talbot), Laurence Luckinbill (Sybok), Charles Cooper (General Korrd), Cynthia Gouw (Caithlin Dar), Todd Bryant (Captain Klaa), Spice Williams (Vixis), Rex Holman (J'Onn), George Murdock (Gott), Jonathan Simpson (Junger Sarek), Beverly Hart (Priesterin), Steve Susskind (Pitchman), Harve Bennett (Stabschef), Cynthia Blaise (Amanda), Bill Quinn (McCoy sen.), Melanie Shatner (Yeoman). *Laufzeit* 105 Min.
Buch: J.M. Dillard: AM RANDE DES UNIVERSUMS, München: Heyne 1989
Video: CIC

Inhalt: Auf dem öden Trockenplaneten Nimbus III, der sogenannten »Welt des galaktischen Friedens«, hat sich aus Gründen, die nicht recht einsichtig sind, der »Abschaum der Galaxis« angesie-

Mr. Spock (Leonard Nimoy) auf dem Planeten Nimbus III.

delt. Zu den dort hausenden Menschen und Nichtmenschen gehört auch der über geheimnisvolle Psi-Kräfte verfügende Vulkanier Sybok, der mittels seiner Talente, die wie eine Gehirnwäsche funktionieren, eine »Armee des Lichts« aufstellt und das Wüstennest Paradise City überfällt.

Er nimmt die dort ansässigen Föderations-, Romulaner- und Klingonenkonsuln als Geiseln, um ein Raumschiff anzulocken, das er kapern will, um Nimbus III mit seinen Jüngern zu verlassen. Die neue *Enterprise,* nur schwach bemannt und an zahlreichen technischen Mängeln leidend, wird zur Sondierung der Lage zum Krisenherd Nimbus III abkommandiert.

Der Versuch Kirks und einer Landeeinheit, Syboks Geiseln zu befreien, schlägt fehl: Die festgesetzten Konsuln entpuppen sich unverhofft als frische Jünger Syboks, der sich zu allem Übel auch noch als Spocks Halbbruder erweist. Sybok legt seine wahren Ziele offen: Wie *alle* Intelligenzen seit Anbeginn der Zeit (meint er), hat

Der fromme Vulkanier Sybok (Laurence Luckinbill), Spocks Halbbruder, auf Nimbus III, dem »Planeten des galaktischen Friedens«.

Auf der Brücke der *Enterprise*: Captain Kirk (William Shatner), Steuermann Sulu (George Takei), Navigator Chekov (Walter Koenig) und Uhura (Nichelle Nichols).

auch er stets nach dem Sinn des Lebens gesucht, und da er schon als Jungvulkanier vom Garten Eden fasziniert war, ist er dem festen Glauben verhaftet, denselben (und Gott inklusive) im Zentrum der Galaxis ausgemacht zu haben (wie, steht auf einem anderen Blatt, das er uns nicht enthüllt).

Es gelingt Sybok, die *Enterprise* zu kapern und den größten Teil der Mannschaft mit Hilfe seines Hirnwäschetalents auf seine Lehre einzuschwören. Doch nicht unseren Freund Kirk: »Ich kenne meine Schwächen. Ich brauche keinen Sybok, der sie mir vor Augen führt. Gegen Schmerz und Schuldgefühle helfen keine billigen Tricks. Sie machen uns erst zu dem, was wir geworden sind. Verlieren wir sie, verlieren wir uns. Ich brauche meinen Schmerz, um zu wissen, wer ich bin.«

Hier nun beginnt der Geschichte zweiter Teil: Nach Kirks erfolglosem Versuch, Sybok (der es laut Spock ablehnt, sich der Logik zu verschreiben und lieber auf »die animalische Gefühlswelt unserer Vorfahren« schwört) als Scharlatan zu entlarven, erhält er unverhofft das Kommando über sein Schiff zurück. Man reist mit den Hijackern an Bord ins Zentrum der Galaxis, das man in Nullkommanichts erreicht – einen Ort, von dem noch niemand zurückgekehrt ist. Hinter wabernd bunten Nebeln stößt man auf einen einsamen Planeten, auf dem sich unseren Helden in einer Gegend, die frappierend Stonehenge gleicht, eine energetische Entität präsentiert, die sich in verschiedenen Formen zeigt und äußerst profane Dinge im Sinn hat. Die Entität, von Sybok für Gott gehalten, deutet nicht nur an, auf dem Planeten gefangen zu sein, sie benötigt auch noch die *Enterprise,* um ihre »Weisheit« auf den anderen Planeten der Galaxis zu verbreiten!

Aufs Kirks naiv vorgetragene, jedem Klippschüler eingängige Frage, wieso *Gott* ein Raumschiff braucht, um andere Planeten zu

Von den Geiselnehmern reingelegt: Captain Kirk (William Shatner) und Dr. McCoy (DeForest Kelley).

erreichen, reagiert die Entität mit dummen Fragen (»Wer bist du?«) und wütenden Flammenstrahlen, die seine Uniform ankokeln. Ein dermaßen zügelloser Gott läßt sogar den frommen Sybok an seinem Glauben zweifeln, und so stürzt er sich auf ihn, um seinen »Schmerz« zu teilen.

Er opfert sich für Kirk und die anderen, und ein plötzlich auftauchender Klingonen-Kapitän, der auf Ruhm und Lorbeeren hofft, wenn er Kirk erledigt, wird von Spock und einem in letzter Sekunde nüchtern werdenden trunksüchtigen Klingonenkonsul mattgesetzt. Als die geheimnisvolle Gottheit zum letzten Schlag gegen Kirk ausholt, erledigt Spock sie mit einem simplen Kanonenschuß.

William Shatner, der in diesem Film erstmals Regie führt, hat sich auch die Story ausgedacht, mit einem Ausgangspunkt, der in dieser Form nur im US-Fernsehen existiert – TV-Evangelisten: »Ich nahm mir einen typischen Fernsehprediger, einen Frömmler, der glaubt, daß Gott zu ihm gesprochen hat. Er glaubte fest daran, Gott hätte gesagt, ›Ich brauche viele Jünger, und ein Fahrzeug, um meine Botschaft im ganzen Universum zu verbreiten.‹ Aus dem benötigten Fahrzeug wurde ein Raumschiff... Am Ende erreicht die *Enterprise* den Planeten, auf dem Gott angeblich residiert, im Mittelpunkt des Universums... Dort sieht es aus wie in Dantes Inferno, wie in einer Flammenhölle... und während der Frömmler mit Gott redet, erkennt Kirk, daß etwas nicht stimmt, und er stellt Gott aufmüpfige Fragen. Gott wird immer wütender und zeigt dann sein wahres Gesicht – das des Teufels... Das war im Grunde meine Geschichte: Daß der Mensch sich Gott zwar nach seinem eigenen Ebenbild vorstellt, doch daß sein Aussehen sich von einer Generation zur anderen ändert, und so erscheint er in all seinen verschiedenen Verkleidungen als von Menschen gemachter Gott. Doch im Kern geht es darum: Wenn der Teufel existiert, muß Gott logischerweise ebenfalls existieren.«

Am Rande des Universums unterhält den Zuschauer durchaus – und zwar besser, als die negativen Kritiken, die fast alle an William Shatners Regie herummäkeln, einen glauben machen wollen. Ansprechend und spannend gelungen ist der Anfang, in dem Sybok einen armen, verzweifelten Bauern für seine »Armee des Lichts« gewinnt. Weniger überzeugend ausgefallen ist Paradise City, die Hauptstadt des Planeten Nimbus III: Die in Neonlicht blinkende Wüstenstadt (Kneipe mit vielfarbigem Rassengemisch und drei-

General Korrd, der klingonische Gesandte auf Nimbus III, ist ein Freund guter Tröpfchen, läuft aber, als es hart auf hart geht, unter Spocks Anleitung noch mal zur Höchstform auf.

Trotz aller Unbill ein Verfechter der Logik: Mr. Spock (Leonard Nimoy) in der Klemme.

brüstiger Katzenfrau inklusive), die sogar über einen Fernsehsender verfügt, kennt außer Pferden freilich keine Fortbewegungsmittel. Daß Nichelle Nichols (56) als Uhura einen »Nackttanz mit Palmwedeln« in der Wüste zelebriert, um Syboks Männer abzulenken, erinnert in seiner Einfalt allerdings mehr an Fremdenlegionärs-Filme aus den fünfziger Jahren, als man in öden Wüstenkaffs herumlungernde Söldner mit Mätzchen dieser Art möglicherweise noch ablenken konnte.

Recht unsympathisch sind die Charaktere des Klingonen-Kapitäns, seiner punkig-muskulösen Leibschnalle und ihrer Untergebenen ausgefallen: Die zotteligen Gestalten, die wie spätpubertierende Halbstarke mit ihrer Kraft protzen und Kirk, als wüßten sie nicht um die Bedeutung des Wortes, als »Renegaten« bezeichnen, wären wohl kaum aus Roddenberrys Feder geflossen – auch dann nicht, wenn man im Nachhinein erfährt, daß die bösen Buben Einzeltäter sind.

116

Am Rande des Universums ist der erste *Star Trek*-Film, der Aufnahmen von der Erde des 23. Jahrhunderts zeigt, doch listigerweise serviert man uns Aufnahmen aus dem Yosemite-Nationalpark, der – so ist anzunehmen – sich auch im 30. Jahrhundert noch nicht verändert haben wird: Hier geht Kirk – Freund McCoy zum Entsetzen – seinem Hobby nach, dem Bergsteigen.

Daß der angekündigte »Rand des Universums« sich (als wäre dies nichts!) als Zentrum der Milchstraße erweist, wundert niemanden, der weiß, welche Blindfische und Blechohren in Deutschland ausländische Filme bearbeiten: Da untertitelt man munter und legasthenisch alle naselang »Förderation« statt »Föderation«, und Sprüche wie »Niemand ist perfekt« bleiben im Original stehen.

Trösten kann man sich allenfalls mit einigen witzigen Dialogen von David Loughery, der den Unterschied in der Denkweise von Menschen und Vulkaniern treffend auf die Schippe nimmt:

Ein besonders niederträchtiger Geselle: Der nach Anerkennung hungernde Klingonen-Kapitän Klaa.

SPOCK: Wie Sie immer so gerne sagen, Doktor, bin ich zur Hälfte Mensch.
McCoy: Wirklich? Das fällt gar nicht auf.
SPOCK: Danke.
McCoy: Der Knabe wird sich doch nie ändern. Ich will ihn beleidigen, und er versteht es als Kompliment.

William Shatner: »Die Hauptschwäche von *Star Trek V* ist wahrscheinlich das Ende – aber dies war im Grunde ein Faktor des Budgets. Geplant war ein wirklich aufregendes und stichhaltiges Ende, doch als das Budget dann zum Faktor wurde, mußte es reduziert werden. Bei der Reduzierung des Endes konnte ich nicht voraussehen, wieviel uns verlorenging. Dies wurde erst absehbar, als wir zu den tatsächlichen Aufnahmen kamen. Dort, wo ich zuvor mehrere Charaktere in einer Verfolgungsjagd haben wollte, hatte ich nur noch einen; und dort, wo ein Haufen Spezialeffekte hingehörten, konnte ich nur noch wenig Geld ausgeben. Ich würde den Mangel am abschließenden Erfolg bei der Kritik also der Tatsache zuschreiben, daß das Ende nicht so zufriedenstellend ausfiel, wie ich es geplant hatte.«[1]

Pressestimmen

»Shatners Regie bleibt prosaisch, wenngleich auf fernsehhafte Weise professionell; die Spezialeffekte hinken knappe fünf Jahre hinter dem aktuellen Stand der Technik her und zeugen – insbesondere, was die blau leuchtende Nebeltank-Barriere und die Präsentation ›Gottes‹ als weißstrahlende Lichtsäule angeht – von erschreckender visueller Einfallslosigkeit; das Plot selbst schließlich entpuppt sich als banale Neuauflage von *[Star Trek – Der Film],* wobei der ambivalent gezeichnete V'ger der Einfachheit halber zu einer ausschließlich bösen, nicht näher definierten Wesenheit mutiert ist.« (ENZYKLOPÄDIE DES PHANTASTISCHEN FILMS)

»In seiner geistigen Hochstapelei geht der Film nicht nur an die Grenzen des Universums, sondern in der Begegnung mit ›Gott‹ auch über die Schwelle der Lächerlichkeit. Was sich vorher abspielt, ist weder besonders originell noch spannend; die Zeichnung der Charaktere und ihrer Beziehung zueinander gibt ohnedies nicht

---

[1] Dan Yakir: »The Undiscovered Kirk«, Starlog Yearbook, Vol. 10 (September 1992).

viel her. . . Die Technik erreicht gerade das Plansoll des in diesem Genre Nötigen.« (R.E., FILMDIENST)

»Religiöse Themen gehören zu *Star Trek* wie die spitzen Ohren zu Mr. Spock, das war schon in der TV-Serie so, und es wurde auch in der Kino-Serie beibehalten. Schon der erste Film befaßte sich mit einem gottähnlichen Wesen, wenn auch entstanden aus einer alten Voyager-Sonde. In den nächsten drei Filmen, die man durchaus als Trilogie betrachten kann, ging es um die Erschaffung von Leben, um Wiedergeburt bzw. Auferstehung, und wieder einmal um eine Sonde mit gottähnlicher Macht. Anscheinend waren sich die Autoren. . . beim fünften Film nicht so ganz klar darüber, was sie eigentlich machen sollten. . . Heraus kam ein Film, der ständig Ansätze zeigt, ohne sie weiterzuführen, der wirklich witzige Dialoge aufweist, die leider in krassem Gegensatz zum drögen Mystizismus stehen, der mit Konflikten aufwartet, die interessant sein könnten, letzten Endes aber gar nicht stattfinden.« (Harald Pusch, SCIENCE FICTION TIMES)

»Das Wahrste, was Captain Kirk alias William Shatner über seine Star Trek-Erfahrungen sagen kann, ist, daß ›sie mich reich gemacht haben‹. Der Weltraumfahrer glaubt aber auch, seine erste Kinofilm-Regie habe Lob verdient. Das US-Fachblatt *Variety*. . . kanzelt Shatners Raumgleiter-Märchen gehörig ab: »Unglückliches Regiedebüt. . . düster. . . träge. . .. schlampig anmutende Spezialeffekte. . . die Schwierigkeit beginnt schon bei der Story, an der Shatner mitschrieb.« (Erich Kocian, KINOHIT)

»Daß sich hinter Schwarzen Löchern und fernen Astralnebeln religiöse Geheimnisse verbergen, ist für Trekkies nichts Neues, doch diesmal dümpelt die *Enterprise* am Rande der Absurdität. Und statt knalliger Spezialeffekte werden beeindruckende Gedankenmanipulationen serviert: In einem Flashback erlebt Spock seine Geburt noch einmal. Immerhin.« (KINO)

Star Trek VI
Das unentdeckte Land

(STAR TREK VI – THE UNDISCOVERED COUNTRY)
USA 1991

»Es geht um die Zukunft, Madame Kanzler. Einige meinen, diese Zukunft wäre das Ende der Geschichte. Ich meine: Es fängt gerade jetzt eine neue Zukunft an. Ihr Vater nannte die Zukunft ›das unentdeckte Land‹. Viele Leute fürchten sich vor Veränderungen.«

CAPTAIN KIRK

Produktion Paramount Pictures (Ralph Winter, Steven-Charles Jaffe). *Ausführender Produzent* Leonard Nimoy. *Regie* Nicholas Meyer. *Drehbuch* Nicholas Meyer, Denny Martin Flinn. *Story* Leonard Nimoy, Nicholas Meyer, Denny Martin Flinn. *Kamera* Hiro Narita. *Schnitt* Ronald Roose. *Produktionsdesign* Herman Zimmerman. *Spezialeffekte* Scott Farrar, Terry D. Frazee, Donald E. Myers, Donald Frazee, Logan Frazee, Eugene Crum, Scott Lingard, Joseph E. Sasgen, Peter Takeuchi, Industrial Light and Magic. *Musik* Cliff Eidelman. *Darsteller* William Shatner (Captain James T. Kirk), Leonard Nimoy (Spock), DeForest Kelley (Dr. Leonard McCoy), James Doohan (Montgomery Scott), Nichelle Nichols (Uhura), George Takei (Sulu), Brock Peters (Admiral Cartwright), Mark Lenard (Sarek), Christopher Plummer (Chang), Kim Cattrall (Valeris), Rosana de Soto (Azetbur), David Warner (Kanzler Gorkon), Paula Rossilli (Kerla), Leon Russom (Chief-in-Command), Iman (Martia), Kurtwood Smith (Präsident der Föderation), John Schuck (Klingonischer Botschafter), Grace Lee Whitney (Nachrichtenoffizier), Robert Easton (Klingonischer Richter), Clifford Shegog (Klingonischer Offizier), W. Morgan Sheppard (Klingonischer Commander), Brett Porter (General Stax), Jeremy Roberts *(Excelsior*-Offizier), Michael Bofshever *(Excelsior*-Ingenieur), Angelo Tiffe *(Excelsior*-Navigator), Boris Lee Krautong (Steuermann), Christian Slater *(Excelsior*-Kommunikationsoffizier), Tom Morga (Schläger), Todd Bryant (Klingonischer Dolmetscher), John Bloom (Behemoth-Alien), Jim Boeke, Matthias Hues (Klingonen-Generale), Carlos Cestero (Waffenmeister), Howard Cle-

mens (Crewman), Karie Jane Johnston (Martia als Kind), Douglas Engalla (Sträfling), Darryl Henriques (Nanclus), David Orange (Müder Klingone), Judy Levitt (Adjutantin), Shakti (ADC), Michael Snyder (Dax). *Laufzeit* 113 Min.
Buch: J.M. Dillard, DAS UNENTDECKTE LAND, München: Heyne 1992
Video: CIC

Inhalt: Ein als simpler »Zwischenfall« heruntergespielter atomarer Unfall auf dem Mond Praxis, dem Haupt-Energielieferanten des Klingonenplaneten Kronos, hat eine »Subraum-Schockwelle« zur Folge. Das Raumschiff *Excelsior* unter Captain Sulu wird Zeuge der Katastrophe, und bald stellt sich heraus, daß Kronos in spätestens fünfzig Jahren aufgegeben werden muß.
Da die Klingonen den größten Teil ihres Staatshaushalts in die militärische Entwicklung gesteckt haben, haben sie keine Mittel, um

Der kosmische Michail Gorbatschow: Kanzler Gorkon (David Warner) und Captain Kirk (William Shatner) treffen sich an Bord der *Enterprise* zum Dinner.

Azetbur (Rosana De Soto), die Tochter des ermordeten Kanzlers Gorkon und General Chang (Christopher Plummer): »Im Weltraum sind alle Krieger kalte Krieger . . .«

den Planeten zu retten. Kanzler Gorkon wendet sich an die Föderation der Vereinigten Planeten und schlägt eine Friedenskonferenz vor, die das künftige Miteinander beider Imperien regeln soll. Im Weltraum ist Abrüstung angesagt – doch die Kalten Krieger sind dagegen.

ADMIRAL CARTWRIGHT: Ich muß protestieren! Den Klingonen einen sicheren Hafen im Föderationsgebiet anzubieten, wäre Selbstmord. Die Klingonen würden zum Abschaum unserer Galaxis. Und wenn wir die Raumflotte reduzieren würden, werden wir gegenüber einer aggressiven Rasse, die einen Fuß in unserem Territorium hat, wehrlos. Wir hätten jetzt die einmalige Gelegenheit, sie in die Knie zu zwingen. Dann wären wir in der weitaus besseren Position, ihnen Bedingungen diktieren zu können.

KIRK: Die Klingonen waren nie vertrauenswürdig. Admiral Cartwright hat vollkommen recht. Ein Entgegenkommen wäre verhängnisvoll.

SPOCK: Es ist politisch gesehen klüger, wenn wir Gorkons Initiative unterstützen. Sonst könnten konservative Elemente das Imperium davon überzeugen, daß es besser ist, eine militärische Lösung zu suchen und im Kampf zu sterben.

Captain Kirk und die *Enterprise* sollen Gorkon in einem bestimmten Sektor treffen und zur Erde geleiten. Kirk ist entsetzt, da er den Klingonen, die seinen Sohn auf dem Gewissen haben, nicht traut (»Sie wissen, wie ich über Klingonen denke: Das sind Tiere!«). Aber nachdem Spock ihm klarmacht (»Es gibt ein altes vulkanisches Sprichwort: ›Nur Nixon konnte nach China gehen‹«), daß es

Pavel Chekov (Walter Koenig) und Commander Uhura (Nichelle Nichols).

keinen besseren Mann für diesen Auftrag gibt als ihn (wobei man sich fragt, ob der Vergleich mit Richard Nixon ein Kompliment oder eine Beleidigung ist) führt Kirk den Befehl aus. Kanzler Gorkon entpuppt sich als ehrliche Haut.

GORKON: Trinken wir. . . auf das unentdeckte Land: die Zukunft!
SPOCK: Hamlet, dritter Akt, erste Szene.
KLINGONE: Sie werden Skapespeare erst genießen, wenn Sie ihn im klingonischen Original gelesen haben.
CHANG: Pach pa – pach pä![1] Ha, ha, ha, ha, ha!

Nach einem Dinner an Bord der *Enterprise,* bei dem der zur klingonischen Delegation gehörende General Chang (»Im Weltraum sind alle Krieger kalte Krieger«), ein einäugiger Haudegen und Militarist, Kirk seinen politischen Standpunkt klarmacht, kehren Gorkon und seine Begleiter auf ihr Schiff zurück, das kurz darauf von Unbekannten aus der Richtung der *Enterprise* beschossen wird.
Zwei Attentäter in Raumanzügen der Sternenflotte beamen an Bord des Klingonenschiffes, richten unter der Besatzung ein Blutbad an und bringen Kanzler Gorkon um. Chang beschuldigt die Crew der *Enterprise* der Doppelzüngigkeit; um schlimme politische Verwicklungen zu verhindern, beamen Kirk und Dr. McCoy in der Absicht, den verletzten Kanzler zu retten, auf das Klingonenschiff – zu spät.
Chang läßt Kirk und McCoy festnehmen. Die beiden werden in einem Schauprozeß verurteilt und auf den vereisten Asteroiden Rura Penthe verbannt, wo sie in einem von verschiedenartigen Lebewesen bevölkerten unterirdischen Verlies schmachten.
Die attraktive Chamäleonidin Martia, die ihre Gestalt beliebig verändern kann, verguckt sich in Kirk und verhilft ihm und McCoy zur Flucht. In letzter Konsequenz jedoch erweist sie sich als Spitzel irgendwelcher Klingonen, die unsere Helden tot sehen wollen. Bevor es den Klingonen gelingt, Kirk und McCoy in der Eiswüste zu töten, greift die *Enterprise* ein und beamt sie an Bord: Spock, der sich überraschend als echter Nachfahre von Sherlock Holmes erweist (»Einer meiner Vorfahren hat immer gesagt, man muß erst einmal das Unmögliche abgrenzen. In dem, was dann noch da ist, und sei

---

[1] »Sein oder Nichtsein. . .«

Dr. McCoy (DeForest Kelley) und Captain Kirk (William Shatner) als an-
gebliche Verschwörer vor einem klingonischen Gericht.

es noch so unwahrscheinlich, muß die Wahrheit stecken«[1]), hat
Kirk nämlich eine Wanze ans Hemd geklebt, damit man ihn orten
kann. Zudem hat sein messerscharfer Verstand erkannt, daß die Attentäter Gorkons Schiff aus einem klingonischen Tarnfeld heraus
beschossen und sich der Dienste von zwei Besatzungsmitgliedern
der *Enterprise* versichert haben, um das Massaker anzurichten. Bevor man die Männer jedoch verhören kann, werden sie umgebracht.
Als Mörderin wird die Vulkanierin Valeris entlarvt: Spock unter-
zieht sie einem telepathischem Verhör und erfährt die Namen ihrer
Auftraggeber: Es sind General Chang, der romulanische Botschafter Nanclus und der Föderationsadmiral Cartwright – allesamt kalte
Krieger, die den Status quo aufrechterhalten wollen.

---

[1] Sherlock Holmes: »Wenn man alles Unmögliche ausschließt, muß das, was
übrig bleibt, und sei es auch noch so unwahrscheinlich, die Wahrheit sein.«

Die Gestaltwandlerin Martia (Iman) befreit Kirk und McCoy nicht ganz uneigennützig aus einer unterirdischen Strafkolonie der Klingonen.

Da Kirk und Spock davon ausgehen, daß die Verschwörer nun ein Attentat auf den Präsidenten der Föderation planen, eilen sie - von Chang in einem getarnten Raumschiff verfolgt – zum Planeten Camp Khitomer, auf dem die Friedenskonferenz stattfindet. Es gelingt ihnen, in letzter Sekunde ein weiteres Attentat zu verhindern, wobei Captain Sulu und die *Excelsior* Schützenhilfe leisten und Scotty in der entscheidenden Situation die Heldenrolle übernehmen darf.

Die Parallelen, die Nicholas Meyers SF-Politkrimi mit der Wirklichkeit verbinden, sind nicht nur deutlich, sondern auch beabsichtigt: Das diktatorisch regierte, militärisch strukturierte Klingonenreich, das schon in der TV-Serie ein heimliches Abbild der Sowjetunion war, hat ebenso abgewirtschaftet wie der »Sozialismus« sowjetischer Machart. Der am Anfang gezeigte »Unfall« á la Tschernobyl ist ein Symptom für das allmählich verrottende System, der zeigen soll, daß autoritäte Regimes auf Dauer nicht funktionieren können.

Nicholas Meyer: »Die Mauer wurde abgerissen, Osteuropa brach zusammen. . . Wir wollten einen Film über den Abriß der Mauer im Weltall machen. Der Film reflektiert bewußt gegenwärtige Ereignisse, die wir der Welt entnommen haben, die uns umgab. Wir haben die Ereignisse einfach in die Luft geworfen, sie kamen in einer bestimmten Reihenfolge wieder herunter, und wir haben sie neu zusammengewürfelt. Wäre Tschernobyl *wirklich* so schrecklich ge-

Mr. Spock (Leonard Nimoy) und Dr. McCoy (DeForest Kelley) bei den letzten Vorbereitungen für eine ungewöhnliche Operation.

wesen, wäre es so grauenhaft ausgefallen wie das, mit dem unser Film anfängt! Tschernobyl war der schlimmste atomare Unfall in der Geschichte der friedlichen Nutzung der Kernenergie – noch schlimmer als der auf Three Mile Island [Harrisburg]. . . Wir haben ihn nur etwas extremer gezeichnet.«[1]

Gorkon, eine Art kosmischer Michail Gorbatschow, hat die Zeichen der Zeit rechtzeitig erkannt – doch ist er umgeben von Verschwörern, die ihre Lage durchaus realistisch sehen und befürchten, daß sie nach einer Wende überflüssig werden. Sie, im Sinne des Systems erzogen und seine verläßlichsten Stützen, können absehen, daß sie abgemustert werden und für alles geradestehen müssen, was ihre Führung im Laufe der Jahrzehnte versaubeutelt hat. Chang und die seinen haben kein Interesse daran, Opfer einer allgemeinen Hexenjagd zu werden, »bloß« weil sie die Befehle der herrschenden Clique in die Tat umgesetzt haben.

Daß ihr abenteuerliches Unternehmen die Unterstützung der Gegenseite findet, ist ebenso wenig verwunderlich: Auch an den Schalthebeln der Föderationsmacht sitzen Kommißköpfe, die keinem gewendeten »Erbfeind« trauen, und denen ein klares Feindbild allemal lieber ist: Ein Heer ohne Feindbild kann man leicht reduzieren, um die frei werdenden Mittel in dringendere Angelegenheiten zu investieren.

Wenn Joe Sixpack die Klingonen haßt, weil ein Angehöriger ihres Volkes seinen Sohn getötet hat, mag einem dies unter Umständen hirnrissig erscheinen, aber unglaubwürdig ist es nicht. Zeigt jedoch ein hoher Offizier (hier: Captain Kirk) diese chauvinistische Reaktion, kann man sie schwerlich gutheißen. Daß im Zeitalter der interstellaren Raumfahrt auf Sklavenarbeit basierende Strafkolonien wie Rura Penthe, in denen die Häftlinge mit Lasern (!) arbeiten dürfen, von wirtschaftlichem Nutzen sein können, ist eine andere Frage. Daß Uhura beim Anflug auf eben diese Kolonie über Funk so einfältig auf Klingonisch radebrecht, während ihre Kollegen aufgeregt in Wörterbüchern (!) blättern, setzt dem Faß die Krone auf, und daß Valeris, die auch vor Mord nicht haltmacht, um Mitwisser aus dem Weg zu schaffen, der Crew hilft, die Fahndung nach den Attentätern mit wichtigen Tips zu unterstützen, mag man schon gar nicht glauben.

---

[1] Stephen Payne, Nicholas Briggs: »Undiscovered Treks«, Starburst, Nr. 163 (March 1992)

Captain Kirk (William Shatner) und Mr. Spock (Leonard Nimoy) machen dem Parlamentsabgeordneten klar, daß sie keine Furcht vor der Zukunft mehr zu haben brauchen.

Trotzdem ist *Das unentdeckte Land* ein unterhaltsamer und »bildender« Film: Er zeigt, wie Menschen Vorurteile überwinden, redet humanistischem Denken und der Einsicht in die politischen Realitäten das Wort und sagt, woher mancher dumme Spruch stammt:

CHANG: Unser Volk braucht Raum.
KIRK: Erde. Hitler. 1938.

Doch nicht nur inhaltlich haben die *Star Trek*-Macher mit dieser Geschichte Grips bewiesen. Auch auf der technischen Seite wurde Faszinierendes geleistet: Die Attentatsszene bei Nullgravitation und die verschiedenen Verwandlungen Martias sind ein Fest für die Augen. Der Titel »The Undiscovered Country« stammt aus »Hamlet« (Shakespeare) und spielt auf den Tod an.

129

Pressestimmen

»Nachdem selbst für amerikanische Rechtsausleger das ›Reich des Bösen‹ von der Landkarte verschwunden ist, ergibt auch der Krieg im All keinen Sinn mehr. Selbst der verbohrte Kämpe Kirk läutert sich unter dem Druck der Verhältnisse zum Friedensapostel. So bestätigt *Star Trek VI* einmal mehr die alte Binsenweisheit, daß das Science Fiction-Genre nichts anderes ist als ein Reflex auf die Gegenwart.« (Karl-Eugen Hagmann, FILMDIENST)

»Die Mischung aus Action, Weltraum-Exotik und Ironie zumindest ist gelungen, die Story ist simpel, aber spannend, geradlinig und doch nicht allzu oberflächlich, auch wenn um der schönen Geschichte und des Humors willen einige phantastisch-triviale Haken geschlagen werden. Die Anspielungen auf die Gegenwart werden, um nicht penetrant zu wirken, mit einem Augenzwinkern präsentiert, und fünf *Star Trek*-Filme bilden einen reichen Fundus für ironische Zitate.« (Sascha Mamczak, SCIENCE FICTION MEDIA)

»Die sechste Mission von Captain Kirk & Co. ist ein bedeutender Grund für eine enthusiastische Feier. Wenn dies wirklich das letzte Abenteuer der alten *Enterprise*-Besatzung war, hat es wirklich absolut alles gezeigt, was es zeigen mußte: Der Film ist witzig, erfinderisch, aufregend, nostalgisch, spannend, sentimental, politisch korrekt, liebenswert und äußerst brillant... Hinsichtlich der Tauwetterparallelen im Kalten Krieg stellen sich die Stars prächtig der Herausforderung, eine äußerst aktuelle Botschaft zu transportieren. Diese Art des unterschwelligen ‚Jawoll! Ganz meine Meinung!‹ haben stets die besten Episoden der TV-Serie ausgemacht.« (Alan Jones, STARBURST)

William Shatner

»Captain Kirk«. Geboren als Kind eines jüdischen Textilkauf-
manns am 22. März 1931 in Montréal, Kanada. Shatner, der nicht
aus reichem Elternhaus stammt, hatte eine recht umkomplizierte
Kindheit. Seine erste Rolle, einen Jungen im Dritten Reich, spielte
er als Sechsjähriger in einem Schülertheater, und er war fasziniert,
als ihm auffiel, welche Macht Schauspieler über die Gefühle des
Publikums haben. Kurz darauf debütierte er am Children's Theater
in Montréal in der Rolle des Mark Twain-Helden Tom Sawyer.
Shatner besuchte in seiner Heimatstadt die West Hill High School,
betätigte sich als Leichtathlet und Footballer und las eifrig Science
Fiction-Romane von Ray Bradbury und Isaac Asimov. Er studierte
an der McGill University, war als Regisseur, Schauspieler und
Autor am College Theater aktiv, machte auf Wunsch seiner Eltern
einen Abschluß als Betriebswirt, betätigte sich als Sprecher bei
Hörspielen im Rundfunk und ging im Sommer mit den Studenten
des Mount Royal Playhouse auf Tournee. Nach Beendigung des
Studiums spielte er von 1952 bis 1954 kleine Rollen am Montréal
Playhouse und am Canadian Repertory Theatre. Er verdiente dort
31 Dollar pro Woche, hauste in möblierten Zimmern und aß in Im-
bißbuden.
Shatner: »Es waren miese Zeiten, ich habe nur durchgehalten, weil
ich davon träumte, irgendwann ein so toller Schauspieler zu werden
wie Laurence Olivier.« 1954 trat er beim Straford (Ontario) Shakespeare Festival auf und lernte dort die Leinwandgrößen James Ma-
son, Lorne Greene und Alec Guinness kennen. 1956 war er in über
hundert Rollen in mehr als sechzig Stücken aufgetreten, u.a. in
»Der Widerspenstigen Zähmung« und »Heinrich V« von William
Shakespeare. 1956 zog er nach New York, wo er am Broadway eine
winzige Rolle in Christopher Marlowes »Tamerlan« spielte. Die
Filmgesellschaft 20th Century Fox bot ihm einen Siebenjahresver-
trag mit einer Wochengage von fünfhundert Dollar an, doch Shatner, für den das Theater größeren Stellenwert hatte, lehnte ab und
blieb für achtzig Dollar Wochengage bei der Shakespeare-Truppe.
1957 heiratete er die kanadische Schauspielerin Gloria Rand (die
Ehe wurde 1969 geschieden) und spielte mit ihr in Toronto und
Schottland Theater. Im gleichen Jahr wurde er auch als vielverspre-
chendster junger Schauspieler mit dem Tyrone Guthrie Award aus-

William Shatner

gezeichnete, der mit einem Stipendium verbunden war. Die Shatners zogen wieder nach New York, wo das Fernsehen gerade seine
erste Hochblüte erlebte und Firmen wie Chrysler und Goodyear re-

gelmäßig Fernsehspiele und Serien wie *The Twilight Zone* und *Alfred Hitchcock Presents* sponserten.

Obwohl Shatner bald zu den meistbeschäftigten Fernsehstars gehörte, wurde er von gemischten Gefühlen geplagt, da er den Eindruck hatte, sich für Dinge herzugeben, die für den schnellen Konsum gemacht wurden. »Mir wurde klar«, erinnerte er sich später, »daß die Sachen, die ich machte, den Tag der Premiere nicht überlebten.«

1957 unterschrieb er einen Fünfjahresvertrag bei MGM und drehte seinen ersten Film, der zwar beim Publikum gut ankam, doch von der Kritik (»William Shatner ist ein fast farbloser kleiner Mönch«, TAGESSPIEGEL) nicht positiv bewertet wurde: *Die Brüder Karamasow,* nach F.M. Dostojewskij. Ein Jahr später kündige er seinen Filmvertrag und trat am Broadway in dem später auch verfilmten Stück »The World of Suzie Wong« auf, das ihm einen Theaterpreis einbrachte. 1961 war er mit Walter Matthau in »A Shot in the Dark« zu sehen, einem Stück, das es auf 389 Vorstellungen brachte. Trotz seiner Theaterverpflichtungen war er gelegentlich in gesellschaftskritischen Filmen wie *Das Urteil von Nürnberg* (1961) und *Weißer Terror* (1962) zu sehen.

Dutzende von Auftritte im Fernsehen folgten, bis man ihn 1965 zum Hauptdarsteller der dreizehnteiligen TV-Serie *For the People* machte, in der er einen New Yorker Staatsanwalt spielte, der dem Gangstertum mit eigenwilligen Mitteln zuleibe rückt. Die Serie kam zwar gut an, konnte sich aber nicht gegen das parallel laufende Western-Endlosdrama *Bonanza* behaupten.

Trotz seiner Bekanntheit schwamm Shatner keinesfalls im Geld: als *For the People* auslief, war er arbeitslos. 1966, als er fast schon bereit war, den Beruf zu wechseln, wurde er als Captain Kirk für *Raumschiff Enterprise* engagiert, eine Rolle, die ihm große Popularität bescherte, doch ihn dermaßen festlegte, daß er später noch größere Probleme hatte, seriöse Rollen zu bekommen. 1967 zerbrach seine Ehe, sein Vater starb, und er mußte für den Unterhalt von Frau und Kindern aufkommen.

Shatner durchlief eine depressive Phase, versenkte sich in esoterische Bücher, suchte erfolglos Trost in der Religion, schlug sich mit Talkshows, Quiz-Sendungen und Werbefilmen durch, trat für 5000 Dollar Gage auf *Enterprise*-Konventen auf und hielt sich als Sprecher von TV-Dokumentationen und der *Enterprise*-Zeichentrickfassung über Wasser. Kino-Billigproduktionen, vereinzelte TV-

Filme und das Theater (»There's A Girl in My Soup«, 1969), wurden zu seiner Haupteinnahmequelle. Erst 1975 gab man ihm wieder eine Hauptrolle – in der TV-Abenteuerserie *Barbary Coast,* in der er als Jeff Cable, der »Meister der Maske«, im Auftrag des Gouverneurs von Kalifornien die Kriminellen im San Francisco von 1870 ausspioniert. Auftritte in Miniserien wie *Benjamin Franklin* (1978), *The Bastard* (1978) und *Little Women* (1978) folgten. 1979 kam *Star Trek – Der Film.*

1982 konnte Shatner in der Krimiserie *T.J. Hooker* endlich aus dem Schatten des Weltraumfahrers hervortreten. Er führte Theaterregie und geriet 1983 in die Schlagzeilen, als er mit Clint Eastwood und anderen einen amerikanischen Ex-Offizier und dessen Söldnertruppe finanzierte, die Kriegsgefangene aus einem Lager in Laos befreien wollten. Shatner, von der Presse und den Militärs heftig kritisiert, redete sich heraus, indem er behauptete, er habe nur 10.000 Dollar in das Unternehmen investiert, um sich die Filmrechte »an den Abenteuern« des Söldnerführers zu sichern.

»Meine Karriere«, so Shatner, »hatte überhaupt keine dramatischen Wendungen. Sie war ein langsamer Aufstieg ohne irgendwelche dramatischen Momente. Als ich am Broadway auf der Bühne stand, hieß es ›Du bist die Wiederkehr des Messias‹. Aber so war es eigentlich nicht. Als ich meine erste Filmrolle bekam, hieß es ›Du bist der nächste Star‹, aber ich bin vom Vertrag zurückgetreten, um eine neue Sache am Broadway zu machen. Ich will damit sagen, daß bei mir alles der Reihe nach ging. Ich bin niemand, der über Nacht zum Star geworden ist.«[1]

Seine »mit Hilfe« von Ron Goulart entstandenen SF-Romane DIE TEK-VERSCHWÖRUNG (TEKWAR, 1991), DIE TEK-DEALER (TEKLAB, 1991) und DAS TEK-KARTELL (TEKLORDS, 1992), die Kenner der Materie freilich Goulart allein zuschreiben, wurden 1993 in Toronto von der Produktionsgesellschaft Universal zur Grundlage einer vierteiligen TV-Serie gemacht, deren Pilotfilm Shatner selbst inszenierte. Er ist auch als Autor zweier Drehbücher für die Serie *T. J. Hooker* hervorgetreten.

Filme

Die Brüder Karamasow (THE BROTHERS KARAMAZOV, USA 1958, Richard Brooks).

---

[1] Dan Yakir: »The Undiscovered Kirk«, Starlog Yearbook (September 1992)

Das Urteil von Nürnberg (JUDGMENT AT NUREMBERG, USA 1961, Stanley Kramer).
Frühreife Generation (THE EXPLOSIVE GENERATION, USA 1961, Buzz Kulik).
Weißer Terror (THE INTRUDER, USA 1962, Roger Corman).
ALEXANDER THE GREAT (USA 1964, Phil Karlson, TV-Film).
Carrasco, der Schänder (THE OUTRAGE, USA 1964, Martin Ritt).
INCUBUS (USA 1965, Leslie Stevens).
Rio Hondo (COMANCHE BLANCO/WHITE COMANCHE, Spanien/ USA 1967, Gilbert Lee Kay).
HOUR OF VENGEANCE (Italien 1968, N.N.).
SOLE SURVIVOR (USA 1970, Paul Stanley, TV-Film).
THE ANDERSONVILLE TRIAL (USA 1970, George C. Scott, TV-Film).
VANISHED (USA 1971, Buzz Kulik, TV-Film).
A PATTERN OF MORALITY (USA 1971, Buzz Kulik, TV-Film).
Owen Marshall, Strafverteidiger (OWEN MARSHALL: COUNSELLOR AT LAW, USA 1971, Buzz Kulik).
Der Hund von Baskerville (THE HOUND OF THE BASKERVILLES, USA 1971, Barry Crane, TV-Film).
THE PEOPLE (USA 1972, John Korty, TV-Film).
Tod eines Komplizen (INCIDENT ON A DARK STREET, USA 1972, Buzz Kulik, TV-Film).
GO, ASK ALICE (USA 1972, John Korty, TV-Film).
THE HORROR AT 37,000 FEET (USA 1972, David Lowell Rich, TV-Film).
PIONEER WOMAN (USA 1973, Buzz Kulik, TV-Film).
INDICT AND CONVICT (USA 1973, Boris Sagal, TV-Film).
PRAY FOR THE WILDCATS (USA 1974, Robert Michael Lewis, TV-Film).
Küste der Gesetzlosen (THE BARBARY COAST, USA 1974, Bill Bixby, TV-Film).
DEAD OF NIGHT/DEATH DREAM (USA 1974, Bob Clark).
INNER SPACE (USA 1974, N.N., Dokumentation).
Liebe böse Mama (BIG BAD MAMA, USA 1974, Steve Carver).
IMPULSE (1975, William Grefé).
Nachts, wenn die Leichen schreien (THE DEVIL'S RAIN, USA 1975, Robert Fuest).
Columbo: Mord im Bistro (FADE IN TO MURDER, USA 1976, Bernard L. Kowalski, TV-Film).

Die zehnte Stufe (THE TENTH LEVEL, USA 1976, Charles S. Dubin, TV-Film).

PERILOUS VOYAGE (USA 1976, William Graham, TV-Film).

TESTIMONY OF TWO MEN (USA 1977, Larry Yust/Leo Penn, TV-Film).

Ferien mit dem Wal (A WHALE OF A TIME, USA 1977, Ewing M. Brown).

Mörderspinnen (KINGDOM OF THE SPIDERS, USA 1977, John Bud Cardos).

MYSTERIES OF THE GODS (USA 1977, Chuck Romine).

Land ohne Wiederkehr (LAND OF NO RETURN, USA 1978, Kent Bateman).

THE BASTARD (USA 1978, Lee H. Katzin, TV-Film).

LITTLE WOMEN (USA 1978, David Lowell Rich, TV-Film).

Flug 401/Crash-Flight (THE CRASH OF FLIGHT 401, USA 1978, Barry Shear, TV-Film).

THE THIRD WALKER (Kanada 1978, Teri McLuhan).

RIEL (Kanada 1979, N.N.).

Star Trek – der Film (STAR TREK – THE MOTION PICTURE, USA 1979, Robert Wise).

Die Weiche steht auf Tod (DISASTER ON THE COASTLINER, USA 1979, Richard Sarafian, TV-Film).

Die Entführung des Präsidenten/Kidnapping of the President (THE KIDNAPPING OF THE PRESIDENT, Kanada 1980, G. Mendeluk).

THE BABYSITTER (USA 1980, Peter Medak, TV-Film).

Die unglaubliche Reise in einem verrückten Raumschiff (AIRPLANE II: THE SEQUEL, USA 1982, Ken Finkleman).

Das Horror-Hospital (VISITING HOURS, Kanada 1982, Jean-Claude Lord).

Star Trek II – Der Zorn des Khan (STAR TREK II – THE WRATH OF KHAN, USA 1982, Nicholas Meyer).

Star Trek III – Auf der Suche nach Spock (STAR TREK III – THE SEARCH FOR SPOCK, USA 1984, Leonard Nimoy).

SECRETS OF A MARRIED MAN (USA 1984, William A. Graham).

Die letzte Chance (NORTH BEACH AND RAWHIDE, USA 1985, Harry Falk, TV-Film).

T. J. Hooker: Geschworenes Verbrechen (T. J. HOOKER: BLOOD SPORT, USA 1986, Vincent McEveety, TV-Film).

Star Trek IV – Zurück in die Gegenwart (STAR TREK IV – THE VOYAGE HOME, USA 1986, Leonard Nimoy).

Broken Angel (BROKEN ANGEL, USA 1988, Richard T. Heffron).
Star Trek V – Am Rande des Universums (STAR TREK V – THE FINAL FRONTIER, USA 1989, William Shatner).
Star Trek VI – Das unentdeckte Land (STAR TREK VI – THE UNDISCOVERED COUNTRY, USA 1991, Nicholas Meyer).

TV-Serien/Reihen

Goodyear Playhouse: »All Summer Long« (1956); *Omnibus:* »School For Wives« (1956), »Oedipus Rex«, 1957; *Kaiser Aluminium Hour:* »Gwyneth« (1956), »The Deadly Silence« (1957); *Studio One:* »The Defender« (1957), »The Deaf Heart« (1957), »No Deadly Medicine« (1957); *Alfred Hitchcock Presents:* »The Glass Eye« (1957), »Mother, May I Go Out to Swim?« (1960); *Kraft Theatre:* »The Velvet Trap« (1958), »The Man Who Didn't Fly« (1958); *US Steel Hour:* »Walk With a Stranger« (1958), »A Man in Hiding« (1958), »Old Marshals Never Die« (1958); *Suspiscion:* »Protege« (1958); *Climax:* »Time of the Hanging« (1958); *Playhouse 90:* »A Town Has Turned to Dust« (1958); *Sunday Showcase:* »The Indestructible Mr. Gore« (1959); *Robert Herridge Theatre:* »A Story of a Gunfighter« (1960); *Family Classics:* »The Scarlet Pimpernel« (1960); *Twilight Zone:* »Nick of Time« (1960), »Nightmare at 20.000 Feet« (1963); *One Step Beyond:* »The Promise« (1960); *Outlaws:* »Starfall« (1960); *Thriller:* »The Hungry Glass« (1961), »The Grim Reaper« (1961); *Dr. Kildare:* »Admitting Service« (1961); »The Encroachment« (1966); *Naked City:* »Portrait of a Painter« (1962), »Without Stick or Sword« (1962); *The Defenders:* »Killer Instinct« (1962), »The Invisible Badge« (1962), »The Cruel Hook« (1963), »Uncivil War« (1964), »Whipping Boy« (1965); *Nurses:* »A Difference of Years« (1963), »A Question of Mercy« (1963), »Act of Violence« (1965); *Dick Powell Theatre:* »Colossus« (1963); *Alcoa Premiere:* »Million Dollar Hospital« (1963); *77 Sunset Strip:* »The Number 5« (1963); *Channing:* »Dragon in the Den« (1963); *The Outer Limits:* »Cold Hands, Warm Heart« (1964); *Route 66:* »We Build Our Houses With Backs to the Sea« (1963); *Arrest and Trial:* »Onward and Upward« (1964); *Burke's Law:* »Who Killed Carrie Cornell?« (1964); *The Man from U.N.C.L.E:* »The Project Strigas Affair« (1964); *Bob Hope Chrysler Theatre:* »The Shattered Glass« (1964); Wind Fever (1966); *Lamp Unto My Feet:* »The Cape« (1965); *Insight:* »Locusts Have No Kings« (1965); *The Fugitive:* »Stranger in the Mirror« (1965); *For the People:* (Hauptdarsteller, 1965); *The Virginian:* »The Claim« (1965), »Black Jade« (1969); *12 O'Clock High:* »I am the Enemy« (1965); *The Big Valley:* »A Time to Kill« (1966); *Gunsmoke:* »Quaker Girl« (1966); *CBS Playhouse:* »Shadow Game« (1969); *Name of the Game:* »Tarot« (1970), »The Glory Shouter« (1970); *Paris 7000:* »The Shattered Idol« (1970); *Ironside:* »Little Jerry Jessup« (1970), »Walls Are Waiting« (1971), »Amy Prentiss« (1974); *Medical Center:* »The Combatants« (1970); *FBI:* »Antennae of Death« (ca. 1970); *John Wayne Special:* »A Salute to America« (1970); *Mission Impossible:* »Encore« (1971), »Cocaine« (1972); *Men at Law:* »One American« (1971); *Cade County:* »The Aramageddon Contract« (1971); *Dr. Simon Locke, Police Surgeon:* »50 Kilos to Nowhere« (1971–1974); *The Sixth Sense:* »Can a Dead Man Strike From the Grave?« (1972); *Hawaii Five-O:* »You Don't Have to Kill to Get Rich – But it Helps« (1972); *Owen Marshall, Counsellor at Law:* »Five Will Get You Six« (1972); *Marcus Welby, M.D.:* »Heartbeat for Yesterday« (1972); *The Bold Ones:* »A Tight Rope to Tomorrow« (1973); *Barnaby Jones:* »To Catch a Dead Man« (1973); *The Six Million Dollar Man:* »Burning Bright« (1974); *Kung Fu:* »A Small Beheading« (1974); *Amy Prentiss:* »Baptism of Fire« (1974); *Benjamin Franklin:* »The Statesman« (1975); *The Barbary Coast:* (Hauptdarsteller, 1975–1976); *Mork and Mindy:* »Mork, Mindy & Maerth Meet Milt« (1982); *T. J. Hooker* (Hauptdarsteller, 1982–1985); *Rescue 911* (Moderator), *Voice of the Planet* (Moderator); *Heroes and Sidekicks* (Sprecher): »Indiana Jones and the Temple of Doom« (1984).

Weitere Gastauftritte Shatners erfolgten in den Serien *The Reporter* (1964), *Dr. Kildare* (1965), *The Skirts of Happy Chance* (1969), *Mannix* (1973), *Star Trek* (Sprecher, 1973–1974), *The Magician* (1974), *Kodiak* (1974), *Petrocelli* (1974), *Police Story* (1974), *Police Woman* (1974), *The Rookies* (1975), *The Oregon Trail* (1977), *How the West Was Won* (1978), *This Was America* (Sprecher, 1981), *The Love Boat Fall Preview Party* (1984).

Leonard Nimoy

»Mr. Spock«. Geboren als Kind ukrainischer Juden am 26. März 1931 in Boston, Massachusetts. Vater Max betrieb in Boston ein Friseurgeschäft, das er auch noch führte, als sein Sohn längst zum Fernsehstar geworden war.

Nimoy wuchs in einer Gegend auf, in der überwiegend italienische Einwanderer lebten: »Die meisten meiner Jugendfreunde waren Italiener. Als Jude fühlte ich mich immer anders – isoliert. Unsere Freundschaft endete abrupt an der Kirchentür.« Als Elfjähriger verkaufte er Zeitungen auf dem Marktplatz. Er verbrachte viel Zeit im Kino, schaute sich die sonntäglichen Jugendvorstellungen an und hatte Spaß an den Horrorfilmen dieser Zeit – aber auch an Paul Muni oder Charles Laughton, der ihn in *Der Glöckner von Notre-Dame* besonders beeindruckte. Obwohl seine Eltern alles andere als begeistert darüber waren, trat er im Alter von siebzehn Jahren als Statist im Elizabeth Peabody Playhouse in Boston auf, wo er den späteren TV-Regisseur Boris Sagal kennenlernte, der ihm eine Rolle in Clifford Odets Stück »Awake and Sing« gab.

Fest entschlossen, Schauspieler zu werden (ein Grund dafür war, daß er wegen untrainierter Muskeln keinen Erfolg bei den Mädchen hatte), studierte er zuerst am Boston College, dann am Antioch College und zog ein halbes Jahr später nach Kalifornien, um sich am Pasadena Playhouse ausbilden zu lassen. Nimoy trat in jiddischer Sprache am Yiddish Theatre auf und spielte winzige Rollen in TV-Produktionen, die in den späten vierziger und frühen fünfziger Jahren live gesendet wurden, so daß sie als Aufzeichnungen nicht existieren.

1951 bekam er eine Nebenrolle in dem Kinofilm QUEEN FOR A DAY. 1952 folgte eine Hauptrolle in dem mit geringen Mitteln produzierten Boxerfilm KID MONK BARONI, der ihm als Gage dreihundert Dollar und einige Anzüge einbrachte. In der Komödie RHUBARB (1951), an die er sich weniger gern erinnert, war er als Baseballspieler zu sehen.

Den ersten Kontakt zum SF-Kino knüpfte Nimoy 1952 durch die Rolle des Marsianers Narab in dem nur für Freunde schlechter Filme genießbaren Serial ZOMBIES OF THE STRATOSPHERE, das 1958 (auf 78 Minuten gekürzt) als Spielfilm mit dem Titel *Des Satans Satellit* ins Kino kam. In der Klamotte FRANCIS GOES TO

Leonard Nimoy

WESTPOINT (Hauptrolle: ein sprechendes Maultier), spielte er einen Footballspieler. Danach war er in dem Western OLD OVERLAND TRAIL als Indianer zu sehen. Nimoy ging zum Militär und heiratete 1954 die Schauspielerin Sandi Zober, mit der er eine Tochter und einen Sohn hat.

In den späten fünfziger Jahren, als das Fernsehen dem Kino immer mehr Zuschauer wegnahm, hatte Nimoy große Probleme, Arbeit zu finden, so daß er schließlich als Statist in dem schauerlichen Horrordrama THE BRAIN EATERS (1958) auftrat – zum Glück so genial maskiert, daß er nicht zu erkennen war. In dem klassischen SF-Thriller *Formicula,* in dem er ebenfalls als Statist agiert, ist er als erschreckter GI zu sehen. Nimoy fuhr Taxi und schlug sich als Hilfsarbeiter durch. Von 1958 bis 1960 nahm er nach der Stanislawski-Methode Schauspielunterricht und spielte eine Hauptrolle in Jean Genets Theaterstück »Unter Aufsicht« (1949), an dessen späterer Verfilmung er ebenfalls mitwirkte.

Nimoy gründete 1962 eine Schauspielschule, die bis 1965 existierte, und spielte zwischendurch Theater in Jean Genets »Der Balkon« (1957, ebenfalls später mit ihm verfilmt). Erste Fernsehrollen kamen mit Serien wie *Dr. Kildare* (1961), *The Twilight Zone* (»A Quality of Mercy«, 1961), *The Man From U.N.C.L.E.* (»The Project Strigas Affair«, 1964, in der er erstmals zusammen mit William Shatner vor der Kamera stand), *The Outer Limits* (»Production and Decay of Strange Particles«, 1964; »I, Robot«, 1964) und Gastauftritten in der Westernserie *The Virginian* (1962–1971) und der Gene Roddenberry-Produktion *The Lieutenant.* Roddenberry, der Nimoy nicht vergessen hatte, machte ihn später zum heimlichen Helden von *Raumschiff Enterprise,* so daß er in der Rolle des Vulkaniers Spock auf der ganzen Welt bekannt wurde.

Nach dem Auslaufen der Serie wurde Nimoy als Stammakteur in die Serie *Mission: Impossible* engagiert, wo er in der Rolle des Rollin Hand von 1969 bis 1971 zu einem Team freiberuflicher Geheimagenten gehörte, die mit Hilfe technischer Tricks und generalstabsmäßig ausgetüftelter Pläne Woche für Woche die Kastanien für die US-Regierung aus dem Feuer holten. Am Theater war er in »The Fiddler on the Roof« und »Man in the Glass Boot« zu sehen, im Fernsehen betätigte er sich als Sprecher der *Enterprise*-Zeichentrickfassung. In der Serie *Night Gallery* (»She'll Be Company For You«, 1972) kam er ebenso gut an wie als Moderator der Sendung *In Search of...* (1976–1980), als Gaststar in *Marco Polo* (1982), *T.J. Hooker* (in einer Episode hat er auch Regie geführt) und *Raumschiff Enterprise: Das nächste Jahrhundert* (»Unification«, 1991). Nimoy ist neben seiner Bühnen- und Filmarbeit auch als Autor von

142

Gedichtbänden (YOU AND I [1973], WILL I THINK OF YOU? [1974], WE ARE ALL CHILDREN SEARCHING FOR LOVE [1977]) hervorgetreten, hat als Regisseur eine Episode von *Night Gallery* (»Death on a Barge«, 1973) inszeniert und unter den Titeln »Mr. Spocks Music From Outer Space« und »The Way I Feel« zwei ausgeflippte LPs herausgebracht. Sein letzter großer Broadway-Theatererfolg war »Equus« (1977)[1]. Er war aber auch als Sprecher von TV-Dokumentationen (»Ghosts in Scottish Houses«, »Plants That Feel«) aktiv.

Seitdem Nimoy mit der Inszenierung von *Auf der Suche nach Mr. Spock* (1984) bewiesen hat, daß er auch hinter der Kamera nicht unbegabt ist, betätigt er sich erfolgreich als Filmregisseur – eine Funktion, die er am Theater und im Fernsehen seit über dreißig Jahren ausfüllt, ohne daß es seinen Fans aufgefallen wäre. Als politisch interessierter Mensch (er hat oft für die Demokratische Partei der USA das Wort ergriffen), zeigt er sich sehr besorgt über die Zunahme von Neonazi-Aktivitäten in den USA und anderswo. Der Titel seiner Autobiografie, die ihn mit dem Charakter vergleicht, der ihn berühmt gemacht hat, lautet I AM NOT SPOCK (1977).

Filme

QUEEN FOR A DAY (USA 1951, Arthur Lubin).
KID MONK BARONI (USA 1951, Harold Schuster).
RHUBARB (USA 1951, Arthur Lubin).
ZOMBIES OF THE STRATOSPHERE (USA 1952, Fred Brannon).
FRANCIS GOES TO WEST POINT (USA 1952, Arthur Lubin).
OLD OVERLAND TRAIL (USA 1953, William Witney).
Formicula (THEM!, USA 1953, Gordon Douglas).
THE BRAIN EATERS (USA 1958, Bruno De Sota).
Des Satans Satellit (Satan's Satellites, USA 1958, Fred Brannon; Spielfilmfassung des Serials ZOMBIES OF THE STRATOSPHERE).
THE BALCONY (USA 1963, Joseph Strick).
Sieben Tage im Mai (SEVEN DAYS IN MAY, USA 1964, John Frankenheimer).
DEATHWATCH (1966, Vic Morrow).
Der Mann, der zweimal lebte (SECONDS, USA 1966, John Frankenheimer).

---

[1] Im selben Jahr von Sidney Lumet unter gleichem Titel (dt. Equus – Blinde Pferde) mit Richard Burton in der Hauptrolle verfilmt.

Tal der Geheimnisse (VALLEY OF MYSTERY, USA 1967, Josef Leytes).

Einsatz im Pazifik (ASSAULT ON THE WAYNE, USA 1971, Marvin J. Chomsky, TV-Film).

Catlow – Leben ums Verrecken (CATLOW, Spanien 1971, Sam Wanamaker).

BAFFLED (USA 1973, Philip Leacock, TV-Film).

THE ALPHA CAPER/THE INSIDE JOB (USA 1973, Robert Michael Lewis, TV-Film).

THREE FACES OF LOVE (USA 1974, John Badham, Arnold Laven, Jeannot Szwarc, TV-Film).

THE MISSING ARE DEADLY (USA 1975, Don McDougall, TV-Film).

Die Körperfresser kommen (INVASION OF THE BODY SNATCHERS, USA 1978, Philip Kaufman).

Star Trek – der Film (STAR TREK – THE MOTION PICTURE, USA 1979, Robert Wise).

SEIZURE: THE STORY OF KATHY MORRIS (USA 1980, Gerald I. Isenberg, TV-Film).

Star Trek II – Der Zorn des Khan (STAR TREK II: THE WRATH OF KHAN, USA 1982, Nicholas Meyer).

Golda Meir (A WOMAN CALLED GOLDA, USA 1982, Alan Gibson, TV-Film).

MARCO POLO (USA 1982, Giuliano Montaldo, TV-Film).

THE SUN ALSO RISES (USA 1984, JAMES GOLDSTONE, TV-FILM).

Star Trek IV – Zurück in die Gegenwart (STAR TREK IV – THE VOYAGE HOME, USA 1986, Leonard Nimoy).

Noch drei Männer, noch ein Baby (THREE MEN AND A BABY, USA 1987, Leonard Nimoy).

Der Preis der Gefühle (THE GOOD MOTHER, USA 1988, Leonard Nimoy).

Star Trek V – Am Rande des Universums (STAR TREK V – THE FINAL FRONTIER, USA 1989, William Shatner).

Kein Baby an Bord (FUNNY ABOUT LOVE, USA 1990, Leonard Nimoy).

Star Trek VI – Das unentdeckte Land (STAR TREK VI – THE UNDISCOVERED COUNTRY, USA 1991, Nicholas Meyer).

NEVER FORGET (USA ca. 1992, N.N., TV-Film).

DeForest Kelley

»Dr. McCoy«. Geboren am 20. Januar 1920 in Atlanta, Georgia. Kelley schloß die High School 1937 ab, durfte zur »Belohnung« ein Jahr bei einem Onkel im kalifornischen Long Beach wohnen, sang in einem Kirchenchor in Atlanta, trat als Chor- und Solosänger beim Rundfunksender WBS und beim Lew Forbes Orchestra im Paramount Theater (Atlanta) auf und jobte als Platzanweiser.

Als er nach Kalifornien zurückkehrte, wurde er in einem Restaurant von einem Regisseur der Long Beach Theater Guild entdeckt und zum Vorsprechen gebeten. Kelley kam sofort an und arbeitete anschließend fünf Jahre auf der Bühne. 1945 ehelichte er die Schauspielerin Carolyn Dowling, mit der er noch heute verheiratet ist.

Ein Scout der Filmgesellschaft Paramount sah ihn in einem Ausbildungsfilm der US-Marine und lud ihn zu Probeaufnahmen für den zur »Schwarzen Serie« zählenden Gangsterfilm *Die Narbenhand* (1942) ein: Die Rolle bekam jedoch Alan Ladd, der daraufhin zum Weltstar wurde. Kelley wurde ein Vertrag mit zweieinhalb Jahren Laufzeit angeboten.

Seine erste Filmrolle spielte er 1947 in dem unheimlichen Thriller *Angst in der Nacht*. In den folgenden Jahren wurde er oft als Schurke oder Nebendarsteller in Western und Kriminalfilmen eingesetzt. Bessere Produktionen aus dieser Zeit sind *Tokio-Story* (1955) und *Der Mann im grauen Flanell* (1956).

Nachdem Kelley 1949 in drei Episoden der Westernserie *The Lone Ranger* zu sehen gewesen war, klopfte das Fernsehen 1956 erneut bei ihm an, und es kam zu ersten Begegnungen mit der SF in zwei Episoden des *Science Fiction Theater* (»Y.O.R.D.«, 1955; »Survival in Box Canyon«, 1956). Auch in der 1956 entstandenen Fernsehversion des 1957 verfilmten Westerns GUNFIGHT AT THE O.K. CORRAL war er zu sehen, einer Story, auf die *Raumschiff Enterprise* (»Wildwest im Weltraum«) 1968 thematisch noch einmal anspielte. Noch kurioser: Kelley erhielt 1959 das Angebot, die Rolle eines Psychiaters in dem TV-Weltkriegsdrama THE ENTERPRISE zu spielen.

Da die meisten TV-Serien in den fünfziger Jahren in New York entstanden, ließ er sich dort nieder, trat in dem TV-Film 333 MONTGOMERY (1960; Drehbuch: Gene Roddenberry) auf und arbeitete an mehreren Pilotfilmen im Western- und Krimigenre mit, die aller-

DeForest Kelley

dings keine Serien nach sich zogen. Kelley legte sein Schurkeni-
mage ab und trat neben Susan Hayward und Bette Davis in *Wohin
die Liebe führt* (1964) auf.

Nach Western wie *Revolver diskutieren nicht* (1965), *Wyoming-Bravados* (1965) und *Die Apachen* (1966) wurde er für die Rolle des Dr. »Pille« McCoy in *Raumschiff Enterprise* verpflichtet, wo er als sarkastischer Gegenspieler des Vulkaniers Mr. Spock brillierte und zahllose Male den Satz »Er ist tot, Jim« sprechen mußte. (Bevor die Produktion anlief, hatte Gene Roddenberry ihm Spocks Rolle angeboten).

Nach dem Auslaufen der Serie war Dr. McCoy dermaßen zu einer Institution geworden, daß die Besetzungsfirmen Hollywoods Kelley nur noch Ärzte spielen lassen wollten. Nachdem er die Rolle McCoys auch in der *Enterprise*-Zeichentrickfassung gesprochen hatte, zog er sich nach Sherman Oaks (Kalifornien) zurück, um Biographien zu lesen, TV-Serien zu begutachten, Ideen für eigene Projekte zu Papier zu bringen, Rosen zu züchten und sich für den Tierschutz zu engagieren.

Kelley, der im Laufe seiner Karriere auch in TV-Serien wie *Studio One* (1948), *The Big Story* (1949–1957), *The Web* (1950–1957), *The Gallery of Madame Lu-Tsong* (1951), *Schlitz Theater* (1951–1959), *Gunsmoke* (1955–1975), *Zane Grey Theater* (1956), *Playhouse 90* (1956–1961), *Wanted: Dead Or Alive* (1958–1961), *Rawhide* (1959–1966) *The Virginian* (1962–1971), *Laredo* (1965–1967) und sechsmal in *Bonanza* (u.a. »The Decision«) aufgetreten ist, hat keine rechte Lust mehr zum Arbeiten – es sei denn, die *Enterprise* ruft zu einem neuen Einatz. In der neuen *Enterprise*-Serie trat er in der Episode *Mission Farpoint* in einer Gastrolle als McCoy im Alter von hundertdreißig Jahren auf.

»Man hat uns, weiß Gott, sehr geschmeichelt«, sagt Kelley. »Was kann man als Schauspieler außer einer guten, soliden Rolle, mit der man etwas anfangen kann und die einen zufriedenstellt, noch verlangen? Mehr Bauchpinselei, als wir erfahren haben, kann man gar nicht kriegen. Wir haben manche Erfahrungen gemacht, die andere Schauspieler bestimmt nicht gemacht haben. Also sind wir, was die gefühlsmäßige Seite angeht, ganz gut dran.«[1]

Filme

Angst in der Nacht (FEAR IN THE NIGHT, USA 1947, Maxwell Shane).

---

[1] Lynne Stephens, Marc Shapiro, Ian Spelling: »Beloved Doctor«, Starlog Yearbook (September 1992)

VARIETY GIRL (USA 1947, George Marshall).
Rebellion im grauen Haus (CANYON CITY, USA 1948, Crane Wilbur).
DUKE OF CHICAGO (USA 1949, George Blair).
MALAYA (USA 1950, Richard Thorpe).
TAXI (USA 1953, Gregory Ratoff).
Schakale der Unterwelt (ILLEGAL, USA 1955, Lewis Allen).
Tokio Story (HOUSE OF BAMBOO, USA 1955, Samuel Fuller).
Unvollendete Liebe (VIEW FROM POMPEY'S HEAD, USA 1955, Philip Dunne).
Der Mann im grauen Flanell (THE MAN IN THE GREY FLANNEL SUIT, USA 1956, Nunnally Johnson).
Blut an meinen Händen (TENSION AT TABLE ROCK, USA 1956, Charles Marquis Warren).
Zwei rechnen ab (GUNFIGHT AT THE O.K. CORRAL, USA 1957, John Sturges).
Das Land des Regenbaumes (RAINTREE COUNTRY, USA 1957, Edward Dmytryk).
Der Schatz des Gehenkten (THE LAW AND JAKE WADE, USA 1958, John Sturges).
Warlock/Der Mann mit den goldenen Colts (WARLOCK, USA 1959, Edward Dmytryk).
RAWHIDE (USA 1958, N.N., TV-Film).
333 MONTGOMERY (USA 1960, N.N., TV-Film).
TWO FACES WEST: IMAGE OF A MAN (USA 1961, Charles Bateman, TV-Film).
Im Sattel ritt der Tod (GUNFIGHT AT COMANCHE CREEK, USA 1964, Frank McDonald).
Wohin die Liebe führt (WHERE LOVE HAS GONE, USA 1964, Edward Dmytryk).
3 x nach Mexiko (MARRIAGE ON THE ROCKS, USA 1965, Jack Donahue).
Revolver diskutieren nicht (TOWN TAMER, USA 1965, Lesley Selander).
Schwarze Sporen (BLACK SPURS, USA 1965, R.G. Springsteen).
Wyoming-Bravados (WACO, USA 1966, R.G. Springsteen).
Die Apachen (APACHE UPRISING, USA 1966, R.G. Springsteen).
POLICE STORY (USA 1967, N.N., TV-Film).
Rabbits (NIGHT OF THE LEPUS, USA 1972, William F. Claxton).
THE COWBOYS (1974, USA William Witney, TV-Film).

Star Trek – der Film (STAR TREK – THE MOTION PICTURE, USA 1979, Robert Wise).

Star Trek II – Der Zorn des Khan (STAR TREK II: THE WRATH OF KHAN, USA 1982, Nicholas Meyer).

Star Trek III – Auf der Suche nach Mr. Spock (STAR TREK III – THE SEARCH FOR SPOCK, USA 1984, Leonard Nimoy).

Star Trek IV – Zurück in die Gegenwart (STAR TREK IV – THE VOYAGE HOME, USA 1986, Leonard Nimoy).

Mission Farpont (ENCOUNTER AT FARPOINT, USA 1987, Corey Allen, TV-Film).

Star Trek V – Am Rande des Universums (STAR TREK V – THE FINAL FRONTIER, USA 1989, William Shatner).

Star Trek VI – Das unentdeckte Land (STAR TREK VI – THE UNDISCOVERED COUNTRY, USA 1991, Nicholas Meyer).

James Doohan

»Scotty«. Geboren am 3. März 1920 in Vancouver, British Columbia, Kanada. Doohan, irisch-schottischer Abstammung, Sohn eines Chemikers, der eine Reihe von Patenten hielt, zeigte schon als Kind das »absolute Gehör«: Er konnte binnen kurzem fast jeden Akzent imitieren, den einmal gehört hatte (in *Raumschiff Enterprise* und den *Star Trek*-Filmen spricht er einen starken schottischen Akzent). Doohan absolvierte die High School in Sarnia, Ontario, wo er in Aufführungen des Schultheaters auftrat. 1940 ging er zur Royal Canadian Artillery, wurde während der Invasion in der Normandie verwundet und verbrachte den Rest des Zweiten Weltkriegs als Flugbeobachter.

1945 inspirierte ihn ein Hörspiel, an der Drama School in Toronto Schauspiel zu studieren. Ein Stipendium brachte ihn 1946 an die renommierte New Yorker Schauspielschule Neighbourhood Playhouse, wo er nach Beendigung der Ausbildung drei Jahre als Lehrer (u.a. von Joanne Woodward) tätig war und nebenher Auftritte in der TV-SF-Reihe *Tales of Tomorrow* (u.a. »Test Flight«, 1951, mit Lee J. Cobb) absolvierte.

1953 kehrte er nach Toronto zurück, wo er acht Jahre im Rundfunk und am Theater ein vielbeschäftigter Mime und Tierstimmenimitator war. In der Frühzeit des Fernsehens trat er beim kanadischen Sender CBC in über 40 Live-Sendungen auf. 1961 ging er wieder in die USA, um in Serien wie *Gunsmoke* (1955–1975), *Bonanza* (1959–1973), *Bewitched* (1964), *The Virginian* (1962–1971), *The Fugitive* (1963–1967), *Ben Casey* (1961–1966), *The Outer Limits* (»Expanding Human«, 1964), zwei Episoden von *Voyage to the Bottom of the Sea* (z. B. »Hail to the Chief«, 1964) und fünf Episoden von *Twilight Zone* (z. B. »Valley of the Shadow«, 1963), *The Man From U.N.C.L.E.* (»The Bridge of Lions Affair«, 1966) und *Peyton Place* (1964–1969) kleine und kleinste Rollen zu spielen. Doohan war über hundertmal auf der Theaterbühne zu sehen, u.a. in »King Lear«, »Macbeth« und »You Can't Take it With You«. Als er dem Regisseur James Goldstone für die Serie *Burke's Law* vorsprach (er bekam die Rolle nicht, weil er dem Hauptdarsteller Gene Barry zu ähnlich sah), fand er Kontakt zu Gene Roddenberry, der gerade den zweiten Pilotfilm für *Raumschiff Enterprise* vorbereitete und ihn als Scotty besetzte.

James Doohan

Danach fiel es Doohan schwer, Arbeit zu finden: akzentuiert sprechende »Schotten« waren nicht sehr gefragt. »Ein guter Freund von mir sagte: ›Jimmy, du wirst für den Rest deines Lebens Scotty bleiben.‹«

1971 drehte er unter der Regie des in die USA emigrierten französischen Regisseurs Roger Vadim nach einem Drehbuch von Gene Roddenberry eine Nebenrolle in dem Film *Sex-Lehrer-Report,* der freilich nichts mit den deutschen »Report«-Filmen zu tun hatte, sondern eine erotische Krimi-Komödie sein wollte. Zwischen 1973 und 1975 lieh er in der Zeichentrickfassung der *Enterprise* nicht nur Scotty, sondern gleich Dutzenden von Figuren seine Stimme – Chekov inklusive.

Doohan hat auch in der kanadischen SF-TV-Serie *Jason of Star Command* (1978-1980) mitgespielt und Gastauftritte in *Fantasy Island* (1978), *Hotel* (1983–1988) und *Magnum, P. I.* (1980–1988) wahrgenommen. Obwohl er kein SF-Fan ist, hat er sich doch die Mühe gemacht, ein paar wichtige Romane von Arthur C. Clarke und Robert A. Heinlein zu lesen. In *Raumschiff Enterprise: Das nächste Jahrhundert* (»Relics«, 1992) ist er in einer Gastrolle zu sehen.

Filme

Getrennte Betten (THE WHEELER DEALERS, USA 1963, Arthur Hiller).

Geheimagent Barrett greift ein (THE SATAN BUG, USA 1964, John Sturges).

Widersteh, wenn du kannst (BUS RILEY'S BACK IN TOWN, USA 1965, Harvey Hart).

36 Stunden (36 HOURS, USA 1965, George Seaton).

Krieg der Spione (ONE OF OUR SPIES IS MISSING, USA 1966, E. Darrel Hallenbeck).

Die nackte Tote (JIGSAW, USA 1968, James Goldstone).

Mann in der Wildnis (A MAN IN THE WILDERNESS, USA/Spanien 1971, Richard C. Sarafian).

Sex-Lehrer-Report (PRETTY MAIDS ALL IN A ROW, USA 1971, Roger Vadim).

Star Trek – der Film (STAR TREK – THE MOTION PICTURE, USA 1979, Robert Wise).

Star Trek II – Der Zorn des Khan (STAR TREK II: THE WRATH OF KHAN, USA 1982, Nicholas Meyer).

Star Trek III – Auf der Suche nach Mr. Spock (STAR TREK III - THE SEARCH FOR SPOCK, USA 1984, Leonard Nimoy).

Star Trek IV – Zurück in die Gegenwart (STAR TREK IV – THE VOYAGE HOME, USA 1986, Leonard Nimoy).

Knight Rider 2000 (KNIGHT RIDER 2000, USA/BRD 1990, Alan Levi, TV-Film).

Star Trek VI – Das unentdeckte Land (STAR TREK VI – THE UNDISCOVERED COUNTRY, USA 1991, Nicholas Meyer).

Walter Koenig

»Chekov«. Geboren am 14. September 1936 in Chicago, aufge-
wachsen in New York. Koenig besuchte (wie der *Star Trek*-Autor
und Regisseur Nicholas Meyer) die Fieldston High School in Riverdale, New York, wo er an Theateraufführungen von »Peer
Gynt« und »The Devil's Disciple« mitwirkte. Im Sommer arbeitete
er in Ferienlagern mit Kindern aus unterprivilegierten Schichten,
um sie durch Theaterarbeit zu lehren, ihre Probleme und Aggres-
sionen zu verarbeiten.

Danach studierte er zwei Jahre am Grinnell College in Iowa, trat
mit einem Tourneetheater in Vermont auf, zog nach dem Tod seines Vaters mit Mutter und Bruder nach Kalifornien und schloß mit
einem M.A. im Fach Psychologie an der University of California in
Los Angeles (UCLA) ab. Anschließend ließ er sich an der UCLA
und im Neighbourhood Playhouse von New York zum Schauspieler ausbilden und lebte von seinem Einnahmen als Hilfspfleger in
einem Krankenhaus.

In den nächsten beiden Jahren war Koenig an kleinen New Yorker
Bühnen engagiert. Er zog nach Los Angeles und erhielt verschie-
dene Bühnenrollen (u.a. »Night Must Fall«, »The Deputy«, »White
House Murder Case«, Steambath«). Seine erster TV-Auftritt fand
in der Gerichtsserie *Day in Court* (1959) statt, danach folgten Se-
rien wie *The Untouchables* (1963), *Alfred Hitchcock Hour* (»Memo
From Purgatory«, 1964), *The Lieutenant* (1964, produziert von
Gene Roddenberry), *Mr. Novak* (1965, in der er erstmals mit slawi-
schem Akzent sprach), *I, Spy* (1965), *The Great Adventure* (1965),
Gidget (1965), *Jericho* (1966) *Ben Casey* (1966), *Combat* (1967),
Ironside (1967), *Mannix* (1967), *Medical Center* (1969) und *The
Men From Shiloh* (1971).

1967 wurde er für die zweite Staffel von *Raumschiff Enterprise* engagiert, wo der in der Rolle des agilen Fähnrichs Chekov[1], wahrscheinlich des putzigen Akzents wegen, stets ein paar Worte mehr
sagen durfte als seine Kollegen Takei, Doohan und Nichols.

---

[1] Der in Trekkerkreisen kursierende Mythos, Roddenberry habe Chekov erst
nach einem Artikel in der Prawda, der sich über die mangelnde Anerkenntnis
sowjetischer Raumfahrterfolge entrüstete, in die Serie hineingeschrieben, ist
– wie Walter Koenig gesteht – leider nur ein Publicity-Gag.

Koenig: »Ich hatte bis dahin noch nie fest in einer Serie mitgespielt. Wie jeder in Hollywood schlug ich mich mehr schlecht als recht durch. Zwar hatte ich in Fernsehserien ein paar Haupt- und Nebenrollen gespielt, aber die Aussicht auf feste wöchentliche Einnahmen war einfach irre! Bevor ich mich über den Umfang meiner Rolle beschweren konnte, mußte ich mich erst mal an diesen Gedanken gewöhnen.«

Nach dem *Enterprise*-Ende trat Koenig im Theater und einigen Kino- und TV-Filmen wie *Ein Computer wird gejagt* (Drehbuch: Gene Roddenberry) auf, war in der kanadischen TV-Serie *The Starlost* in den Episoden »The Alien Oro« (1973) und »The Return of Oro« (1973) zu sehen und unterrichtete Filmstudenten an der UCLA.

Koenig hat auch TV-Drehbücher geschrieben – so für die *Star Trek*-Zeichentrickfassung (»The Infinite Vulcan«, 1973) und für die Serien *The Land of the Lost* (»The Stranger«, 1974), *What Really Happened to the Class of '65* (1977–1978), *Family* (1976–1980) und *The Powers of Matthew Starr* (1982). Am Theater war er in dem Zweipersonenstück »The Boys in Autumn« (Tom Sawyer und Huckleberry Finn begegnen sich nach vierzig Jahren erneut) und »Other People's Money« (1991) zu sehen. Eine erste Filmhauptrolle spielte er in dem Mondfahrerdrama *Moontrap* (1988). Koenig ist Vater eines Sohnes und einer Tochter, die ebenfalls Schauspieler sind und hat mit BUCK ALICE AND THE ACTOR ROBOT (1988) und CHEKOV'S ENTERPRISE (1980, 1991) zwei Bücher publiziert.

Filme

STRANGE LOVERS (USA 1963, Robert Stambler).

GOODBYE, RAGGEDY ANN (USA 1971, Fielder Cook).

ANTONY AND CLEOPATRA (GB 1973, Charlton Heston).

DEADLY HONEYMOON (USA 1974, Elliot Silverstein).

Ein Computer wird gejagt (THE QUESTOR TAPES, USA 1974, Richard A. Colla, TV-Film).

Columbo: Mord im Bistro (FADE IN TO MURDER, USA 1976, Bernard L. Kowalski, TV-Film).

Star Trek – der Film (STAR TREK – THE MOTION PICTURE, USA 1979, Robert Wise).

Star Trek II – Der Zorn des Khan (STAR TREK II: THE WRATH OF KHAN, USA 1982, Nicholas Meyer).

Walter Koenig

Star Trek III – Auf der Suche nach Mr. Spock (STAR TREK III – THE SEARCH FOR SPOCK, USA 1984, Leonard Nimoy).
Star Trek IV – Zurück in die Gegenwart (STAR TREK IV – THE VOYAGE HOME, USA 1986, Leonard Nimoy).
Moontrap (MOONTRAP, USA 1988, Robert Dyke).
Star Trek V – Am Rande des Universums (STAR TREK V – THE FINAL FRONTIER, USA 1989, William Shatner).
Star Trek VI – Das unentdeckte Land (STAR TREK VI – THE UNDISCOVERED COUNTRY, USA 1991, Nicholas Meyer).

George Takei

»Sulu«. Geboren am 20. April 1940 in Boyle Heights, Los Angeles. Takei ist Sohn japanischer Einwanderer und wurde nach dem Eintritt der Japaner in den Zweiten Weltkrieg mit seiner Familie in Arkansas interniert.

Nach zweijährigem Architekturstudium in Berkeley wechselte er an der University of California (UCLA) in Los Angeles ins Fach Theaterwissenschaft und debütierte 1961 in der ambitionierten TV-Reihe *Playhouse 90* (CBS, Episode »Made in Japan«), die von 1956 bis 1961 von Columbia TV mit Material versorgt wurde und als Beginn des Fernsehfilms gilt.

Nach einem Auftritt in der Sendereihe *Alcoa Premiere* war er zu sehen in TV-Serien wie *Twilight Zone* (»The Encounter«, 1964) und *Voyage to the Bottom of the Sea* (»The Silent Saboteurs«, 1965), dem Krimi-Pilotfilm *The House on K Street,* einer Episode von *The Six Million Dollar Man* (»The Coward«, 1974) und Kinofilmen wie *Titanen* (1960), *Morituri* (1956) und *Rote Linie 7000* (1965). 1966 stieß er über Gene Roddenberry zur *Enterprise*-Crew und spielte fortan den asiatischen Steuermann Sulu.

1980 geriet Takei in die Schlagzeilen, als er sich für die Demokratische Partei um das Mandat eines State Assemblyman (etwa: Landtagsabgeordneter) bewarb und sein Gegenkandidat Michael Roos verlangte, man müsse ihm, der ausgleichenden Gerechtigkeit wegen, die gleiche Sendezeit zubilligen, da man Takei alle naselang in *Enterprise*-Wiederholungen im Fernsehen sehen könne. Als der Sender anbot, die *Enterprise* während des Wahlkampfes nicht mehr fliegen zu lassen (was die anderen Akteure Wiederholungsgagen gekostet hätte), argumentierte Takei, solche Forderungen diskriminierten sämtliche Schauspieler, die sich um öffentliche Ämter bewarben. Er zog seine Kandidatur zurück.

Takei, der zusammen mit Robert Asprin den von Ninjas im Weltraum handelnden SF-Roman MIRROR FRIEND, MIRROR FOE (1979) geschrieben hat, ist politisch engagiert und gilt in seiner Heimatstadt Los Angeles als aktiver Vertreter der Interessen amerikanischer Bürger japanischer Abstammung. Er war von 1973 bis 1984 im Vorstand der Stadtwerke (Verkehrsausschuß) tätig, nimmt einen Vorstandsposten des Exekutivkomitees im Los Angeles Theater Center wahr und sitzt im Aufsichtsrat einer Bank, die sich speziell um Kreditwünsche asiatischer Einwanderer kümmert.

Filme

THE HOUSE ON K STREET: HAMMER FIST (USA 1959, N.N., TV-Film).

Titanen (ICE PALACE, USA 1960, Vincent Sherman).

Morituri (MORITURI, USA 1965, Bernhard Wicki).

Rote Linie 7000 (RED LINE 7000, USA 1965, Howard Hawks).

George Takei

Mord aus zweiter Hand (AN AMERICAN DREAM, USA 1966, Robert Gist).

Nicht so schnell, mein Junge (WALK, DON'T RUN, USA 1967, Charles Walters).

Die Grünen Teufel (THE GREEN BERETS, USA 1968, John Wayne).

Wo, bitte, geht's zur Front? (WHICH WAY TO THE FRONT?, USA 1970, Jerry Lewis).

Star Trek – der Film (STAR TREK – THE MOTION PICTURE, USA 1979, Robert Wise).

Star Trek II – Der Zorn des Khan (STAR TREK II: THE WRATH OF KHAN, USA 1982, Nicholas Meyer).

Star Trek III – Auf der Suche nach Mr. Spock (STAR TREK III – THE SEARCH FOR SPOCK, USA 1984, LEONARD NIMOY).

Star Trek IV – Zurück in die Gegenwart (STAR TREK IV – THE VOYAGE HOME, USA 1986, Leonard Nimoy).

Star Trek V – Am Rande des Universums (STAR TREK V – THE FINAL FRONTIER, USA 1989, William Shatner).

Star Trek VI – Das unentdeckte Land (STAR TREK VI – THE UN-DISCOVERED COUNTRY, USA 1991, Nicholas Meyer).

Nichelle Nichols

»Uhura«. Geboren am 28. Dezember 1933 in Robbins, Illinois. Wenn sie nicht gerade in Chicago und Los Angeles in Bühnenstücken wie »The Blacks« und »Kicks and Company« oder in New York in »No Strings« und »Blues for Mr. Charlie« (nach James Baldwin) zu sehen war, arbeitete Nichelle Nichols in einem Workshop namens »Theater des Seins« und unterrichtete Jungschauspieler. Ein Bekannter, der für MGM-TV tätig war, engagierte sie 1963 für eine Rolle in der von Gene Roddenberry produzierten, im Marinemilieu spielenden Serie *The Lieutenant,* deren Stars Gary Lockwood und Robert Vaughn waren.

Danach folgten viele kleine TV-Rollen – u.a. als afrikanische Prinzessin in der *Tarzan*-Serie mit Ron Ely (»The Deadly Silence«, 1966) und Auftritte als Jazzsängerin (u.a. mit der Lionel Hampton-Band), denn inzwischen war sie von Duke Ellington entdeckt worden. Als sie gerade durch England tourte, bekam sie ein Telegramm ihres Agenten, der eine Chance sah, sie in der TV-Serie *Raumschiff Enterprise* unterzubringen.

Nichelle Nicholls, die von Science Fiction wenig hielt, reagierte nicht auf das Angebot, und ließ sich erst zur Annahme der Rolle überreden, als ihr Agent deutlichere Töne anschlug. Als Kommunikationsoffizierin Uhura wurde sie die erste schwarze Frau im Weltraum, und als Captain Kirk sie in der Episode »Platos Stiefkinder« (1968) küßte, war dies der erste Kuß zwischen Angehörigen verschiedener Rassen im amerikanischen Fernsehen.

Als *Raumschiff Enterprise* 1969 eingestellt wurde, sattelte sie um, ließ sich vom National Space Institute anstellen, um Frauen und Angehörige ethnischer Minderheiten für die Weltraumbehörde NASA zu werben. Inzwischen steht sie öfter auf Theaterbühnen (»Horowitz and Mrs. Washington«, 1984; »Maid of Paris«) als vor Film- und Fernsehkameras.

Filme

Das Gesicht ohne Namen (MISTER BUDDWING, USA 1966, Delbert Mann).

ANTONY AND CLEOPATRA (USA 1974, Jon Scoffield, TV-Film).

Doktor – Sie machen Witze! (DOCTOR, YOU'VE GOT TO BE KIDDING, USA 1967, Peter Tewksbury).

Nichelle Nichols

Chicago-Poker (TRUCK TURNER, USA 1974, Jonathan Kaplan).
Star Trek – der Film (STAR TREK – THE MOTION PICTURE, USA
1979, Robert Wise).
Star Trek II – Der Zorn des Khan (STAR TREK II: THE WRATH OF
KHAN, USA 1982, Nicholas Meyer).

Star Trek III – Auf der Suche nach Mr. Spock (STAR TREK III – THE SEARCH FOR SPOCK, USA 1984, Leonard Nimoy).

Rebellen des Grauens (THE SUPERNATURALS, USA 1986, Armand Mastroianni).

Star Trek IV – Zurück in die Gegenwart (STAR TREK IV – THE VOYAGE HOME, USA 1986, Leonard Nimoy).

Star Trek V – Am Rande des Universums (STAR TREK V – THE FINAL FRONTIER, USA 1989, William Shatner).

Star Trek VI – Das unentdeckte Land (STAR TREK VI – THE UNDISCOVERED COUNTRY, USA 1991, Nicholas Meyer).

Die wichtigsten Männer im Hintergrund

Gene Roddenberry

Biographische Daten: Siehe **Demokraten im Weltraum: Gene Roddenberry,** Seite 23.

»Wir sollten nicht vergessen, daß die Fernsehserie eben nur eine Fernsehserie war: 79 Episoden, die aus dem kommerziellen Grund entstanden, Seife zu verkaufen. Später *bewirkte* sie dann, daß Gene neue Ansichten und Gefühle entwickelte. Wir sollten nicht vergessen, daß in *Raumschiff Enterprise* viel Sex, Gewalt, Tötungen und so weiter vorkamen, und das gefiel ihm nicht – er hatte etwas erfunden, das er im Nachhinein nicht *ausstehen* konnte! Die Klingonen gefielen ihm nicht, weil er sie als ausnahmslos böse gezeichnet hatte - es gibt aber kein ganz und gar böses Volk. – Deswegen hat er in den Jahren, in denen die Wiederholungen liefen, Vortragsreisen gemacht. Er ist in dieser Zeit *gewachsen* und hat sein Denken verändert. Jede von ihm abgegebene Botschaft besagte, daß es ein Morgen geben und daß es *perfekt* sein wird! Daß es keinen Haß, sondern Vielfalt geben wird. Sein Hauptanliegen war natürlich die allumfassende Mannigfaltigkeit in endlosen Kombinationen. Dies war das Gefühl, das Gene insgesamt in Sachen *Leben* hatte.
Er hat immer gesagt, daß Andersartigkeit nicht unbedingt Häßlichkeit ist, daß der, der andere Ansichten vertritt, mit ihnen nicht unbedingt falsch liegt, und daß das Schlimmste, was uns passieren könnte, das ist, wenn wir alle gleich empfinden und denken. Wenn wir uns nicht an den kleinen Varianten erfreuen können, die unter den Menschen der Erde existieren – dann möge Gott uns beistehen, wenn wir in den Weltraum vorstoßen und den *großen* Varianten begegnen, die sich unweigerlich dort aufhalten. Das war seine Botschaft, und mit ihr ist er gewachsen.«[1]

Bevor Gene Roddenberry die Chance erhielt, das Konzept zu schreiben, das seinen potentiellen Abnehmern das *Enterprise*-Universum vorstellen sollte, verfaßte er Drehbücher für Fernsehserien und mehrere Pilotfilme, die nicht in Serie gingen. Nachfolgend eine Aufstellung seiner Arbeiten:

---

[1] Darrel L. Boatz: »Majel Barrett Roddenberry«, Comics Interview, Nr. 110, (New York 1992)

Gene Roddenberry

TV-Serien

(in Klammern die Anzahl der von G.R. verfaßten Drehbücher und
das Genre):

Mr. District Attorney (5, 1951–1952, Krimi); *Highway Patrol* (4,
1955–1959, Krimi), *I Led Three Lives* (3, 1953–1956, Spionage);
West Point Story (12, 1956–1958, Militär); *Dr. Christian* (1, 1956;
Arztserie); *Kaiser Aluminium Hour* (1, 1956–1957, Drama); *Fireside Theater* (1, 1955–1958, Drama); *Boots & Saddles* (5, 1957,

Western); *Harbor Command* (1, 1957, Krimi); *Jefferson Drum* (3, 1958, Western); *The Night Stick* (1, 1959); *Have Gun, Will Travel* (18, 1957–1962, Western); *Chevron Theater:* »The Secret Defense of 117« (1, 1952); *The Detectives* (2, 1959–1960, Krimi); *The June Allyson Show* (1, 1959–1961); *Two Faces West* (1, 1960, Western); *Shannon* (2, 1961, Krimi); *Target: The Corruptors* (1, 1961, Drama); *Dr. Kildare* (1, Arztserie); *Naked City:* »The Rydecker Case« (1, 1961, Krimi) und *G.E. True* (1, 1962–1963, Wahre Geschichten).

Raumschiff Enterprise

Autor: »Talos IV – Tabu« (The Menagerie, zwei Teile, 1966); »Der erste Krieg« (A Private Little War, 1968); »Geist sucht Körper« (Return to Tomorrow, 1968) und »Das Jahr des roten Vogels« (The Omega Glory, 1968).

Ko-Autor: »Brot und Spiele« (Bread and Circuses, 1968, mit Gene L. Coon), »Ein Planet, genannt Erde« (Assignment Earth, 1968, mit Arthur Heineman) und »Seit es Menschen gibt« (The Savage Curtain, (1969, mit Arthur Heineman).

Storyvorlagen: »Der Fall Charlie« (Charlie X, 1966), »Die Frauen des Mr. Mudd« (Mudd's Women, 1966), »Landru und die Ewigkeit« (The Return of the Archons, 1967), »Ein Planet, genannt Erde« (Assignment Earth, 1968), »Seit es Menschen gibt« (The Savage Curtain, 1969) und »Gefährlicher Tausch« (Turnabout Intruder, 1969).

TV-Pilotfilme

(nicht realisierte Serien)
333 MONTGOMERY (USA 1960).
APO-923 (USA 1963).
DEFIANCE COUNTRY (USA 1963).
THE LONG HUNT OF APRIL SAVAGE (USA 1963).
POLICE STORY (USA 1967).
GENESIS II (CBS, USA 1973. *Regie:* John Llewellyn Moxey. *Darsteller:* Alex Cord, Ted Cassidy, Mariette Hartley, Percy Rodrigues, Lynn Marta, Harvey Jason. 90 Min.)
Inhalt: Im Jahr 2133 ist nach einem atomaren Holocaust von der irdischen Zivilisation nicht viel übrig geblieben. In der versteppten Nachkriegslandschaft leben kleine Gruppen von Menschen unter völlig veränderten Bedingungen. Der hundertfünfzig Jahre zuvor

während einer Naturkatastrophe eingefrorene Weltraumforscher Hunt wird wiederbelebt und zum Spielball zweier Gruppen, von denen eine kriegerisch, die andere friedlich ist. Die Kriegerischen lassen Hunt von einer Agentin zu einem Seitenwechsel verführen, was allerlei Verwicklungen nach sich zieht. – Roddenberrys erster Versuch, nach *Raumschiff Enterprise* eine SF-Serie im Fernsehen zu etablieren, wurde zwar positiv bewertet, doch nicht realisiert.

Ein Computer wird gejagt (THE QUESTOR TAPES, NBC, USA 1974. *Regie:* Richard A. Colla. *Darsteller:* Robert Foxworth, Mike Farrell, John Vernon, Lew Ayres, James Shigeta, Dana Wynter, Robert Douglas, Ellen Weston, Majel Barrett. 95 Min.)

Inhalt: Questor ist ein Android, den ein Forschungsteam nach Unterlagen eines verschollenen Nobelpreisträgers baut. Da man bei der Konstruktion im Dunkeln tappt, geraten Questors Datenbänke durcheinander: Er macht sich auf die Suche nach seinem Schöpfer. Der Ingenieur Jerry begleitet ihn nach London, wo sich zeigt, daß der Android zu einer Gruppe von außerirdischen Wächtern gehört, die die Menschheit seit Urzeiten manipulieren. – »Der Produktionsaufwand ist erstaunlich minderwertig, die Inszenierung oft pathetisch, und Motive und Handlungsstränge winden sich in diesem offenbar sehr improvisierten Werk dunkel daher.« (CINEFANTASTIQUE).

Auch aus dieser Serie wurde nichts. Laut Meinung des Senders NBC ähnelte QUESTOR zu sehr dem beim Konkurrenten ABC laufenden *Six Million Dollar Man.*

PLANET EARTH (ABC, USA 1974. *Regie:* Marc Daniels. *Ko-Drehbuch:* Juanita Bartlett. *Darsteller:* John Saxon, Janet Margolin, Ted Cassidy, Christopher Cary, Jo De Winter, Sally Kemp, Majel Barrett, Rai Tasco, 90 Min.)

Inhalt: In dieser Variante von Genesis II erwacht der Astronaut Hunt, nachdem er an einem Kryogenese-Experiment teilgenommen hat, im Jahr 2133 in der Gemeinschaft Pax, die nach einem Atomkrieg eine neue Zivilisation aufbauen will. Die Menschheit ist in Stämme zerfallen. Auf der Suche nach einem Arzt gerät Hunt in eine matriarchalisch regierte Gesellschaft, in der die Männer mit Drogen unterdrückt und wie Sklaven gehalten werden. Hunt befreit die Männer, die sich prompt in die Schlacht werfen, als die Frauen angegriffen werden. Dies findet die Anführerin der Damen so nett, daß sie ihnen die Freiheit schenkt. – Planet Earth begeisterte die ABC-Bosse wenig, und man ist versucht zu sagen, aus gutem Grund.

SPECTRE (NBC/TCF, USA/GB 1977. *Regie:* Clive Donner. Ko-*Drehbuch:* Samuel A. Peeples. *Darsteller:* Robert Culp, Gig Young, Gordon Jackson, James Villiers, Ann Lynn, John Hurt, Jenny Runacre. 96 Min.)
Inhalt: Der Film verzichtet auf Science Fiction-Elemente. Hier geht es um einen auf Okkultismus spezialisierten Kriminologen und einen alkoholabhängigen Arzt, die mysteriöse Ereignisse in einer englischen Abtei untersuchen und einem aristokratischen Satanskult auf die Spur kommen. – Ein nicht uninteressantes Konzept, das die Kritik aber zu sehr an den Horrorfilm *Der Exorzist* (1973, Regie: William Friedkin) erinnerte. Spectre sollte zwar auch im Kino ausgewertet werden (zu diesem Zweck wurden die obligatorischen Nacktszenen nachgedreht), doch das Projekt verlief im Sande.

Kinofilm

Sex-Lehrer-Report (PRETTY MAIDS ALL IN A ROW, USA 1971. *Regie:* Roger Vadim. *Darsteller:* Rock Hudson, Angie Dickinson, Telly Savalas, John David Carson, Roddy McDowall. 91 Min.)
Inhalt: Attraktiver Sportlehrer, von Schülerinnen heiß umschwärmt, entpuppt sich als Massenmörder. – »Doppelbödige ›schwarze‹ Krimikomödie, der kritische Untertöne nicht ganz abzusprechen sind. Der deutsche Verleihtitel spekulierte auf das falsche Publikum.« (FILMDIENST)

Roman

STAR TREK – DER FILM (1979), Roddenberrys einziger SF-Roman, kam zwar in die amerikanischen Bestsellerlisten, war jedoch weit davon entfernt, den Beifall der Kritik zu finden: Sein Stil wurde als ebenso hölzern empfunden wie das Agieren der Darsteller im gleichnamigen Film. – »Es gibt allerdings Gründe, ein paar Minuten damit zu verbringen, das Buch durchzublättern, da es manche Dinge erklärt, die der Film zu erklären vergißt.« (SCIENCE FICTION CHRONICLE)

»Man kann Gene unmöglich beschreiben, ohne auf Widersprüche hinzuweisen«, äußert *Enterprise*-Regisseur David Alexander[1]: »Ein Kriegsheld, dessen Ideal eine Zukunft ohne bewaffnete Konflikte war; ein maskuliner Mann, der für die Gleichheit von Mann und Frau eintrat; ein Kind der Südstaaten, das sich rassistischen Vorurteilen entgegenstellte; ein Polizist als Intellektueller und Philosoph; ein Bomberpilot, der Gedichte schrieb. Er war ein einfacher Mensch, der die Vielschichtigkeit des Universums verstand, und ein vielschichtiger Charakter, der simple Wahrheiten über den menschlichen Charakter verfaßte. Er war ein äußerst talentierter Mensch, und in einem Medium tätig, das Mittelmäßigkeit belohnt und Talent oftmals vernichtet. Er war ein überlebensgroßer Charakter, der seine Fähigkeiten kannte und dem es trotzdem gelang, bescheiden im Hintergrund und mit beiden Beinen auf der Erde zu bleiben . . . Es gelang ihm, seine Ansichten im Lauf der Zeit hinsichtlich vieler Themen zu modifizieren oder komplett zu verändern . . . Auch in seinem Leben ging es rauf und runter; er hatte Selbstzweifel und gute und schlechte Tage . . . Wenn es um Menschen ging, interessierte er sich dafür . . . Als wir einst von einer Veranstaltung der Demokratischen Partei zurückkehrten, sprachen wir über Bildung. Ich hatte gerade ausgeführt, daß wir mehr kritisches Denken und gesunden Menschenverstand in unseren Schulen brauchten, als er trocken und mit perfektem Timing sagte: »Wenn es in den Vereinigten Staaten mehr gesunden Menschenverstand gäbe, würde niemand die Republikaner wählen.«

Roddenberry, der noch am Drehbuch der ersten Episode der TV-Serie *Raumschiff Enterprise: Das nächste Jahrhundert* mitarbeitete, starb am 24. Oktober 1991 in Santa Monica an einem Herzinfarkt. »Was Gene Roddenberry der Science Fiction hinterlassen hat, ist in vielerlei Hinsicht größer und einflußreicher als die Hinterlassenschaft jedes anderen modernen Autors oder Filmemachers. Die Geschichten in *Raumschiff Enterprise* und *Raumschiff Enterprise: Das nächste Jahrhundert* drücken einen einzigartigen und gleichbleibenden Standpunkt aus. Zwar haben auch diese Serien ihre Helden und Schurken, doch ihr charakteristisches Merkmal ist, daß sie in einem Action- und Abenteuer-Zusammenhang

---

[1] David Alexander: »Gene Roddenberry, Personal Thoughts and Observations«, Star Trek: The Official Fan Club, Nr. 84 (March/April 1992)

›moralische Stücke‹ bringen . . . Sie betonten nachdrücklich Roddenberrys persönlichen Idealismus und seinen Glauben an die Zukunft, und dies ist vielleicht die wahre Bedeutung von *Raumschiff Enterprise.* Roddenberry hat die abenteuerlichen Wurzeln der Science Fiction zwar mit seinem bramarbasierenden Captain Kirk und einem endlosen Aufmarsch an Schurken übelster Sorte am Leben erhalten, aber das war längst nicht alles: Sein Idealismus hat an die junge Generation und an eine Zukunft appelliert, die eher einladend als abstoßend ist, und die nur wenige SF-Filme herüberbringen konnten. Die Zukunft in *Blade Runner, Alien* oder gar *Krieg der Sterne* mag zwar unterhaltsam sein, wenn man sie aus der Sicherheit eines Kinosessels betrachtet, doch im Gegensatz zu ihnen ist Roddenberrys Zukunft wahrscheinlich die, die sich die meisten Menschen aussuchen würden, um in ihr zu leben.« (Frank M. Robinson, LOCUS)

Robert Wise

Regisseur. Geboren am 10. September 1914 in Westchester, aufge-
wachsen in Connersville, Indiana. Wise, der eigentlich den Journa-
listenberuf ins Auge gefaßt hatte und Anfang der dreißiger Jahre
am Franklin College ein Studium begann, mußte sich bald aus finanziellen Gründen einen Job suchen, da seine Familie ihn nicht
unterstützen konnte.

1933 bekam er eine Stelle als Hilfscutter in den RKO-Studios von
Howard Hughes, die ihm sein dort als Buchhalter beschäftigter
Bruder verschaffte.

Wise, in den Stabangaben der Filme THE STORY OF VERNON AND
IRENE CASTLE (1939, H.C. Potter) und *Der Glöckner von Notre-
Dame* (1939, William Dieterle) erstmals erwähnt, war auch als Cut-
ter für *Citizen Kane* (1941, Orson Welles), *Der Glanz des Hauses
Amberson* (1942, Orson Welles), *Der Teufelsbauer* (1941, William
Dieterle) und THE FALLEN SPARROW (1943, Richard Wallace) tä-
tig.

Als der Regisseur Günther von Fritsch Probleme hatte, den Psycho-
Thriller THE CURSE OF THE CAT PEOPLE (1944) pünktlich fertig-
zustellen, bot Wise sich als Helfer an und beendete ihn in zehn Tagen. 1945 inszenierte er nach einer Erzählung von Robert Louis
Stevenson den Horrorfilm *Der Leichendieb* (mit Boris Karloff), ein
Werk von düsterer Atmosphäre, das heute zu den Klassikern des
unheimlichen Kinos gehört.

Nach einigen B-Filmen brachte er mit *Ring frei für Stoker Thomp-
son* (1949) einen Boxerfilm auf die Leinwand, der das gnadenlose
Geschäft der Profis zeigt und bei den Filmfestspielen in Cannes den
Preis der Kritik erhielt.

Auch der SF-Klassiker *Der Tag, an dem die Erde stillstand* (1951,
nach einer Erzählung von Harry Bates) sowie *Die Intriganten*
(1954), *Die Hölle ist in mir* (1956), *Laßt mich leben* (1958) und
Wenig Chancen für Morgen (1959) machten ihn bekannt. In den
sechziger Jahren wurde er des öfteren mit Großproduktionen betraut: Für *West Side Story* (1961) und *Meine Lieder, meine Träume*
(1965) erhielt er den Oscar. Nach dem Flop *Star* (1968) konzen-
trierte er sich mit *Andromeda – Tödlicher Staub aus dem All* (1971,
nach dem Roman von Michael Crichton), *Die Hindenburg* (1975)
und *Audrey Rose – Das Mädchen aus dem Jenseits* (1977) auf ak-

Robert Wise (mit Brille) bei der Arbeit.

tionsreiche und phantastische Themen, die ihren kommerziellen Höhepunkt in *Star Trek – Der Film* (1979) fanden.

Robert Wise, der aufgrund seiner Arbeit an *Die Hindenburg* mit der Regie für *Star Trek – Der Film* betraut wurde: »Das Wichtigste bei einem Film ist und bleibt der Vordergrund, die Schauspieler, die Story. Damit arbeiteten wir wie besessen. Wir mußten sicher sein, daß die Story, die wir vor den wunderbaren fotografischen Effekten erzählten, sie auch wert war und sich gegen die Spezialeffekte durchsetzen würde.«

Filme

THE CURSE OF THE CAT PEOPLE (USA 1944).

MADEMOISELLE FIFI (USA 1944).

Der Leichendieb (THE BODY SNATCHER, USA 1945)

A GAME OF DEATH (USA 1945).

CRIMINAL COURT (USA 1946).

BORN TO KILL (USA 1947).

MYSTERY IN MEXICO (USA 1948).

Nacht in der Prärie/Gun Man (BLOOD ON THE MOON, USA 1948).

Ring frei für Stoker Thompson (THE SET UP, USA 1949).

Vorposten in Wildwest (TWO FLAGS WEST, USA 1950).

Frauengeheimnis (THREE SECRETS, USA 1950).

THE HOUSE ON TELEGRAPH HILL (USA 1951).

Der Tag, an dem die Erde stillstand (THE DAY THE EARTH STOOD STILL, USA 1951).

THE CAPTIVE CITY (USA 1952).

SOMETHING FOR THE BIRDS (USA 1952).

Die Wüstenratten (THE DESERT RATS, USA 1953).

Durch die gelbe Hölle (DESTINATION GOBI, USA 1953).

Ein Herz aus Gold (SO BIG, USA 1953).

Die Intriganten (EXECUTIVE SUITE, USA 1954).

Der Untergang von Troja (HELEN OF TROY, USA 1955).

Jeremy Rodack – Mein Wille ist Gesetz (TRIBUTE TO A BAD MAN, USA 1956).

Die Hölle ist in mir/Eine Handvoll Dreck (SOMEBODY UP THERE LIKES ME, USA 1956).

Kein Platz für feine Damen (THIS COULD BE THE NIGHT, USA 1957).

Land ohne Männer (UNTIL THEY SAIL, USA 1957).

U 23 (RUN SILENT, RUN DEEP, USA 1958).

Laßt mich leben (I WANT TO LIVE, USA 1958).

Wenig Chancen für morgen (ODDS AGAINST TOMORROW, USA 1959).

West Side Story (WEST SIDE STORY, USA 1961).

Spiel zu zweit (TWO FOR THE SEESAW, USA 1962).

Bis das Blut gefriert (THE HAUNTING, USA/GB 1963).

Meine Lieder, meine Träume (The Sound Of Music, USA 1965).

Kanonenboot am Yangtse-Kiang (THE SAND PEBBLES, USA 1966).

Star (STAR!, USA 1968).

Andromeda - Tödlicher Staub aus dem All (THE ANDROMEDA STRAIN, USA 1971).

Zwei Menschen unterwegs (TWO PEOPLE, USA 1973).

Die Hindenburg (THE HINDENBURG, USA 1975).

Audrey Rose – Das Mädchen aus dem Jenseits (AUDREY ROSE, USA 1977).

Star Trek – der Film (STAR TREK – THE MOTION PICTURE, USA 1979).

ROOFTOPS (USA 1989).

Nicholas Meyer

Schriftsteller und Regisseur, geboren am 24. Dezember 1945 in New York City. Meyer besuchte die Fieldston High School in Riverdale, New York, die University of Iowa (1968), und war als Associate Publicist (Presseabteilung) bei Paramount (1968-1970) und Story Editor bei Warner Brothers (1970-1971) in New York beschäftigt.

Neben seiner Tätigkeit als Drehbuchautor und Regisseur wurde er als Autor des Sachbuchs THE LOVE STORY STORY (1970) bekannt (über die Entstehung des gleichnamigen Films nach dem Roman von Erich Segal) und der Kriminalromane TARGET PRACTICE (1974), THE SEVEN PERCENT SOLUTION (1976), THE WEST END HORROR (1976), BLACK ORCHID (1977; mit Jay Kaplan) und CONFESSIONS OF A HOMING PIGEON (1981). 1973 wurde Meyers erstes Drehbuch verfilmt: In INVASION OF THE BEE GIRLS untersucht ein Ermittlungsbeamter des US-Innenministeriums den durch Geschlechtsverkehr herbeigeführten Tod mehrerer Forscher und stößt auf einen Schwarm mutierter »Bienenfrauen«, die ihre Liebhaber nach vollzogenem Akt töten.

Sein nächstes Projekt, der Fernsehfilm JUDGE DEE AND THE MONASTERY MURDER (1974), handelt von einem chinesischen Detektiv, der im 7. Jahrhundert einen Mord in einem Kloster untersucht. Beide Filme wurden über die Grenzen der USA hinaus nicht bekannt.

Meyers Drehbuch zu dem Fernsehfilm *Die Nacht, als die Marsmenschen Amerika angriffen* (1975), beschreibt eine Episode aus dem Leben des Regisseurs und Schauspielers Orson Welles (1915-1985), der am 30. Dezember 1938 in der Sendereihe »Mercury Theater on the Air« im New Yorker CBS-Studio das auf H.G. Wells' gleichnamigem Roman basierende Hörspiel »The War of the Worlds« ausstrahlte. Das als »wahr« mißverstandene Drama hatte auf einen Teil der Zuhörer, die mit Panik reagierten, große Auswirkungen.

Auch bei seinem nächsten Film blieb Meyer, der lieber mit vorhandenem Material arbeitet, als sich etwas auszudenken, seinem Prinzip treu: *Kein Koks für Sherlock Holmes* (GB 1977), in dem er erstmals auch Regie führte, spielt flott und findungsreich mit der Biographie des Detektivs Sherlock Holmes und wurde für das beste Drehbuch und die besten Kostüme für den Oscar nominiert.

Meyers erster Filmbeitrag (Regie und Buch) zum Thema Science Fiction war *Flucht in die Zukunft* (GB 1977), »ein kraftvolles, prachtvoll kurzweiliges Vergnügen, das aufgrund seiner großartigen Machart das oft versuchte, selten erreichte Kunststück fertigbringt, Liebesgeschichte, Komödie und Entsetzen zu kombinieren.« (CINEFANTASTIQUE)

In diesem Film folgt der durch Romane wie DIE ZEITMASCHINE (1895), DER UNSICHTBARE (1897) und KRIEG DER WELTEN (1898) bekannte Schriftsteller und Zeitmaschinenerfinder H.G. Wells dem Dirnenmörder Jack the Ripper ins San Francisco des Jahres 1979, um ihn zur Strecke zu bringen. Sein auch im Kino ausgewerteter TV-Film *The Day After – Der Tag danach* (1983, Drehbuch: Edward Hume) schildert glaubhaft die Auswirkungen eines atomaren Angriffs auf Amerika und das Schicksal der ihm ausgesetzten Bürger, die nach und nach vom Strahlentod hinweggerafft werden, und lieferte viel Diskussionsstoff.

Als die Vorbereitungen für *Der Zorn des Khan* liefen, folgte Meyer, der noch nie eine Episode von *Raumschiff Enterprise* gesehen hatte, dem Rat einer bei Paramount beschäftigten Freundin und ließ sich das Drehbuch schicken. »Ich bin in erster Linie an guten Geschichten interessiert«, sagte er später. *»Krieg der Sterne* und *Das Imperium schlägt zurück* hatten mir gefallen; ich hielt beide Filme für äußerst spannend und unterhaltsam. Nachdem man mir den Regiesessel für *Der Zorn des Khan* angeboten hatte, schaute ich mir einige *Enterprise*-Folgen und den ersten Film an. Er hat mir nicht sonderlich gefallen. Ich hielt ihn zwar in mancherlei Hinsicht für spektakulär, aber er erfüllte nicht, was er einen erwarten ließ. . . Mein Hauptziel war, den Charakteren Tiefe zu verleihen. . . Je spezifischer man wird, umso besser. Ich hielt es zwar nicht für nötig, Admiral Kirk auf die Toilette gehen zu sehen, aber ich fragte mich, warum kann er nicht ein Buch lesen? Ich hatte den Gedanken kaum gehabt, als ich auch schon das erstbeste Buch – A TALE OF TWO CITIES[1] – aus dem Regal zog, und aus irgendwelchen Gründen blieb ich daran kleben, was interessant ist, denn es ist ein Buch, dessen ersten und letzten Satz jeder kennt. Es wurde zur Stütze des Films und irgendwie auch zu seinem Thema. . . Aus dem Buch kam auch die Brille [die Kirk trägt], und aus allem zusammen ergab sich das Altern. *Star Trek II* enthält, vom Genesis-Planeten abgesehen,

---

[1] dt. EINE GESCHICHTE AUS ZWEI STÄDTEN (Charles Dickens, 1859).

Nicholas Meyer

eigentlich nicht viel Science Fiction. Die Themen des Films sind
völlig irdischer Natur: Tod, Altern, Freundschaft.«
Meyer ist neben seiner Filmarbeit auch als Theaterregisseur tätig:
1984 inszenierte er den »Hamlet« an einer Bühne im kalifornischen
Beverly Hills.

Filme

INVASION OF THE BEE GIRLS (Drehbuch, USA 1973, Denis Sanders).

JUDGE DEE AND THE MONASTERY MURDER (Drehbuch, USA 1974, Jeremy Kagan, TV-Film).

Die Nacht, als die Marsmenschen Amerika angriffen (THE NIGHT THAT PANICKED AMERICA, Drehbuch, USA 1975, Joseph Sargent, TV-Film).

Kein Koks für Sherlock Holmes (Drehbuch, THE SEVEN PERCENT SOLUTION, GB 1977, Herbert Ross).

Flucht in die Zukunft (TIME AFTER TIME, Regie/Drehbuch, GB 1977).

Star Trek II – Der Zorn des Khan (STAR TREK II – THE WRATH OF KHAN, Regie, USA 1982).

The Day After – Der Tag danach (THE DAY AFTER, Regie, USA 1983, TV-Film).

Alles hört auf mein Kommando (VOLUNTEERS, Regie, USA 1984).

THE PIED PIPER OF HAMELIN (GB 1985, Regie, Drehbuch, TV-Film).

Die Täuscher (THE DECEIVERS, Regie, GB 1988).

Star Trek VI - Das unentdeckte Land (STAR TREK VI – THE UNDISCOVERED COUNTRY, Regie/Ko-Drehbuch, USA 1991).

Company Business (COMPANY BUSINESS, Regie/Drehbuch, USA 1991).

Harve Bennett

TV-Serienproduzent und Drehbuchautor, geboren 1931. Wirklicher Name: Harvey Fischman. Bennett war schon in den vierziger Jahren in den Medien aktiv – als Dauerkandidat in der Rundfunksendung »Quiz Kids«, in der Fachwissen abgefragt wurde.

Später arbeitete er als Kolumnist für die CHICAGO SUN TIMES und war als freier Fernsehautor tätig, ehe er als Associate Producer bei CBS-TV und Executive Producer bzw. Autor bei Universal-TV Karriere machte. Bennett ist Mitbegründer der Produktionsgesellschaft Bennett/Katleman, einem Ableger von Columbia-TV.

Zu den zahlreichen TV-Serien, an deren Realisierung er beteiligt war, gehören *The Six Million Dollar Man* (ABC, 1974-1978, mit Lee Majors und Richard Anderson), *The Bionic Woman* (ABC/NBC 1976-1978, mit Lindsay Wagner und Richard Anderson), *The Mod Squad* (ABC, 1968-1973, mit Michael Cole, Clarence Williams, Peggy Lipton und Tige Andrews), *Rich Man, Poor Man* (ABC, 1976-1977, mit Peter Strauss und Nick Nolte, nach dem Roman von Irwin Shaw), *The Powers of Matthew Starr* (NBC, 1982) und die »Miniserien« *From Here to Eternity* (NBC, 1979-1980, mit Natalie Wood und William Devane, nach dem Roman von James Jones), *A Woman Called Golda (Golda Meir,* NBC, 1982, mit Ingrid Bergman und Leonard Nimoy, Emmy Award) und *The Jesse Owens Story (Jesse Owens – Idol und Legende,* 1984, Regie: Richard Irving).

Nach dem »finanziellen Fiasko« von *Star Trek – Der Film,* der nur 16 Millionen Dollar mehr einspielte, als er gekostet hatte, und der Ablehnung der Roddenberry-Idee, einen zweiten Teil zu drehen, in dem Spock während einer Zeitreise zum unfreiwilligen Auslöser des Mordes an John F. Kennedy wird, wurde der inzwischen für Paramount im TV-Bereich tätige Bennett zu seinen Chefs zitiert.

»Ich hatte nicht im geringsten erwartet, etwas mit einer Kinoproduktion zu tun zu bekommen. Ich war da, um Fernsehen zu machen. Doch zwei Wochen später kriegte ich einen Anruf von [Studiochef] Barry Diller... Er sagte ›Kannst du mal zu einer Konferenz in mein Büro kommen?‹ Es waren [mehrere Bosse] anwesend, und einer fragte mich, wie mir *Star Trek – Der Film* gefallen hätte. Ich dachte, jetzt mußt du die Wahrheit sagen, also erwiderte ich, er hätte mich gelangweilt.« Man fragte Bennett, ob er sich

Harve Bennett (rechts) mit Gene Roddenberry (Mitte) und William Shatner

vorstellen könne, einen *Star Trek*-Film für weniger als 45 Millionen Dollar zu produzieren. Er bejahte, erhielt den Auftrag und brauchte nicht einmal für die nächsten *drei* Filme 45 Millionen.

»Während ich *Star Trek* machte, wurde ich mit einem Emmy Award und einem NAACP Image Award ausgezeichnet. Es hat mir viel mehr Spaß gemacht, mit einer der großartigsten Schauspielerinnen des 20. Jahrhunderts [Ingrid Bergman] *A Woman Called Golda* zu drehen. Aber deswegen erinnert sich niemand an mich. Man erinnert sich wegen *Star Trek* an mich. Es ist ein Pop-Phänomen.«

Bibliographie

Alpers, Hans Joachim/Werner Fuchs/Ronald M. Hahn/Wolfgang Jeschke: LE-
XIKON DER SCIENCE FICTION-LITERATUR, München: Heyne 1988

Ash, Brian: THE VISUAL ENCYCLOPEDIA OF SCIENCE FICTION, New York: Harmony Books 1977

Asherman, Allan: THE STAR TREK COMPENDIUM, New York: Pocket Books
1993

Asherman, Allan: THE STAR TREK INTERVIEW BOOK, New York: Pocket Books
1988

Brooks, Tim/Earle Marsh: The Complete Directory to Prime Time Network TV
Schow, New York: Ballantine 1981

Drews, Mary R.: WALTER KOENIG, Northport, N. Y.: Personality Comics 1992

Edelson, Edward: VISIONS OF TOMORROW, Garden City, New York: Doubleday
1975

Ellison, Harlan: SLEEPLESS NIGHTS IN THE PROCRUSTEAN BED, San Bernar-
dino, CA: The Borgo Press 1984

Gerani, Gary/Paul H. Schuman: FANTASTIC TELEVISION, New York: Harmony
Books 1977

Gross, Edward: THE MAKING OF THE TREK FILMS (Revised Edition), New
York: Image Publishing 1992

Gross, Edward/Mark A. Altman: GREAT BIRDS OF THE GALAXY, New York:
Image Publishing 1992

Hahn, Ronald M./Volker Jansen: LEXIKON DES SCIENCE FICTION-FILMS, München: Heyne 1993

Hahn, Ronald M./Volker Jansen: LEXIKON DES HORROR-FILMS, Bergisch-
Gladbach: Bastei-Lübbe 1989

Halliwell, Leslie/Philip Purser: HALLIWELL'S TELEVISION COMPANION, London: Granada 1982

Henkel, Pat: PATRICK STEWART VS. WILLIAM SHATNER, Northport: Celebrity
Books 1992

Irwin, Walter/G.B. Love: THE BEST OF TREK (15 Bde.), New York: Signet
(New American Library) 1978-1990

Javna, John: THE BEST OF SCIENCE FICTION TV London: Titan Books 1987

Katz, Ephraim: THE FILM ENCYCLOPEDIA, New York: Perigee (G. P. Putnam's
Sons) 1979

Koenig, Walter: CHEKOV'S ENTERPRISE, Longwood, FL, Intergalactic Press
1991

Larson, Chris: WILLIAM SHATNER, THE UNAUTHORIZED BIOGRAPHY, Melville,
N. Y.: Personality Comics 1992

Lentz, Harris M.: SCIENCE FICTION, HORROR & FANTASY FILM AND TELEVI-
SION CREDITS, Jefferson, N. C./London: McFarland 1983

Maltin, Leonard: TV MOVIES AND VIDEO GUIDE, New York: New American
Library 1989

Naha, Ed: THE SCIENCE FICTIONARY, 1980, Wideview Books

Nicholls, Peter (Hrsg.): THE ENCYCLOPEDIA OF SCIENCE FICTION, London/ Toronto/Sydney/New York: Granada 1979

Parish, James Robert/Michael R. Pitts: THE GREAT SCIENCE FICTION PICTURES, Metuchen, N. J.: The Scarecrow Press 1977

Sander, Ralph: DAS STAR TREK-UNIVERSUM, München: Heyne 1990

Scheuer, Steven H.: MOVIES ON TV AND VIDEOCASSETTE, New York: Bantam 1989

Schnakenberg: LEONARD NIMOY, THE UNAUTHORIZED BIOGRAPHY, Melville, N. Y.: Celebrity Comics 1992

Schneider, Irmela/Christian W. Thomsen (Hrsg.): LEXIKON DER BRITISCHEN UND AMERIKANISCHEN SPIELFILME IN DEN FERNSEHPROGRAMMEN DER BUNDESREPUBLIK DEUTSCHLAND 1954-1985, Berlin: Spiess 1989

Stresau, Norbert (Hrsg.): ENZYKLOPÄDIE DES PHANTASTISCHEN FILMS, Meitingen: Corian 1986 ff.

Stresau, Norbert: DER OSCAR, München: Heyne 1985

Tiki: DEFOREST KELLEY, Northport, N. Y.: Personality Comics 1991

Tiki: JAMES DOOHAN, Northport, N. Y.: Personality Comics 1991

Trimble, Bjo: STAR TREK CONCORDANCE, New York: Ballantine 1976

Tuck, Donald H.: THE ENCYCLOPEDIA OF SCIENCE FICTION AND FANTASY, Vol. 3, Chicago: Advent 1982

Willis, Donald C.: HORROR AND SCIENCE FICTION FILMS, Metuchen, N. J./ London: The Scarecrow Press 1982

Register